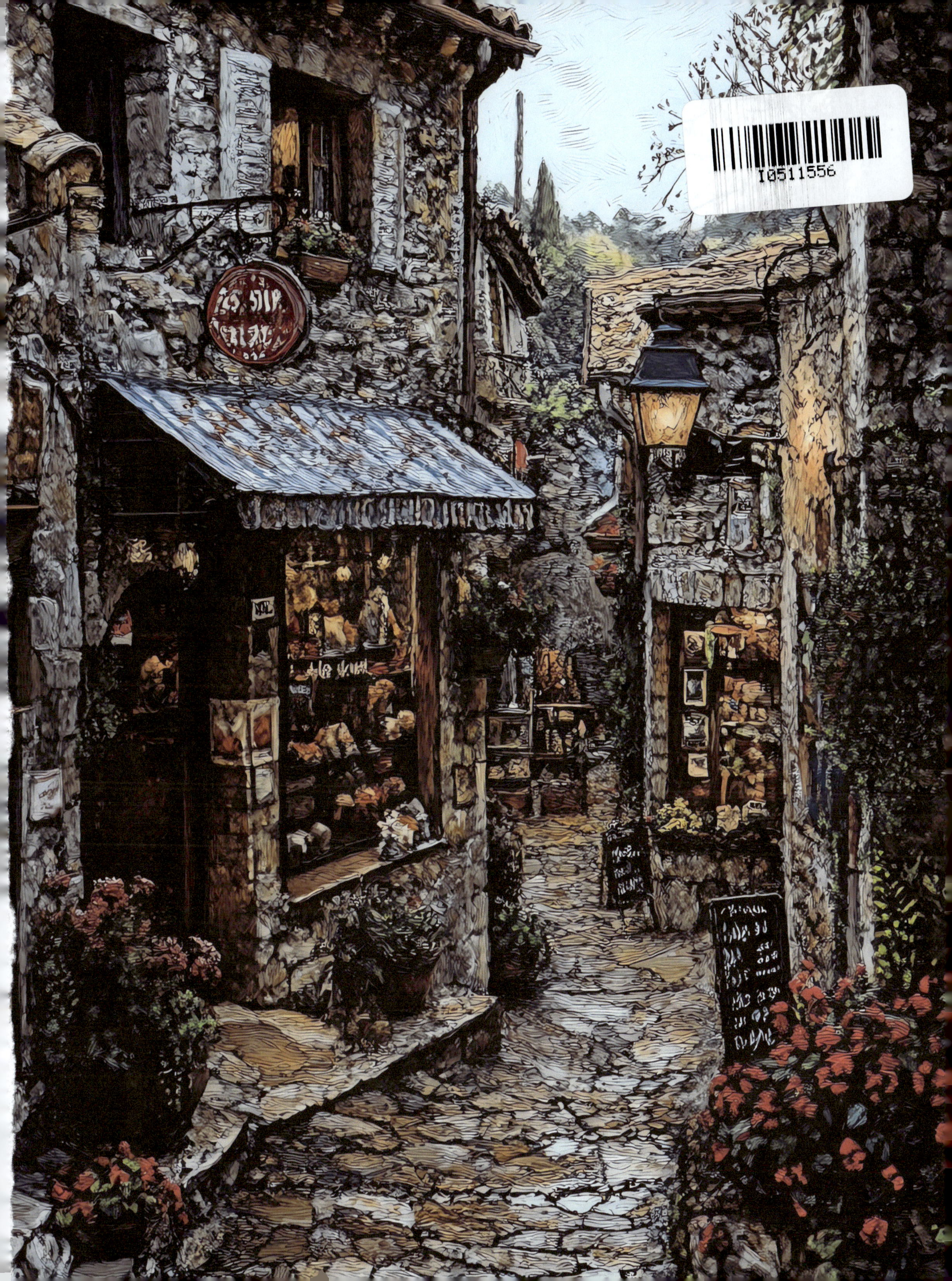

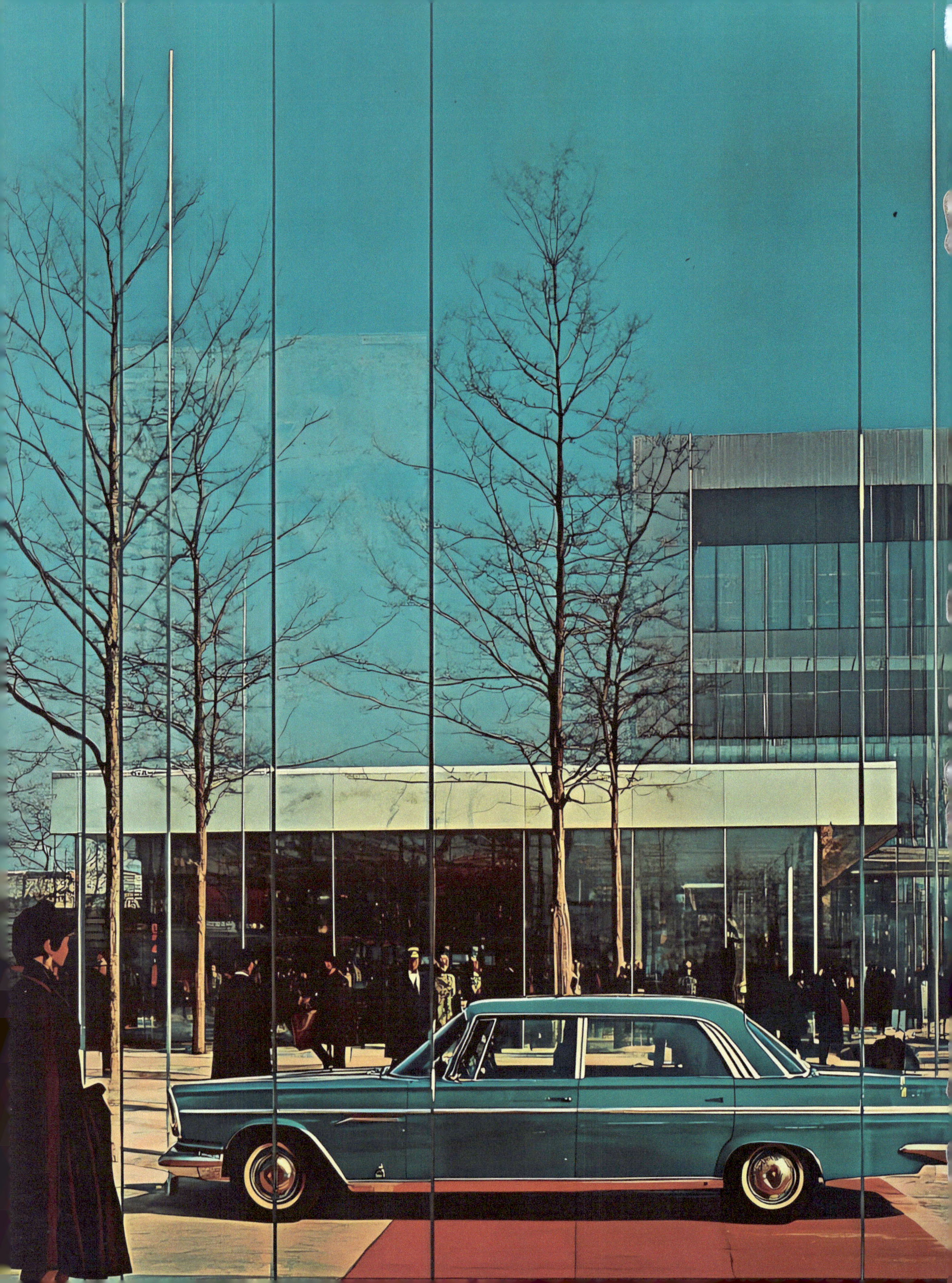

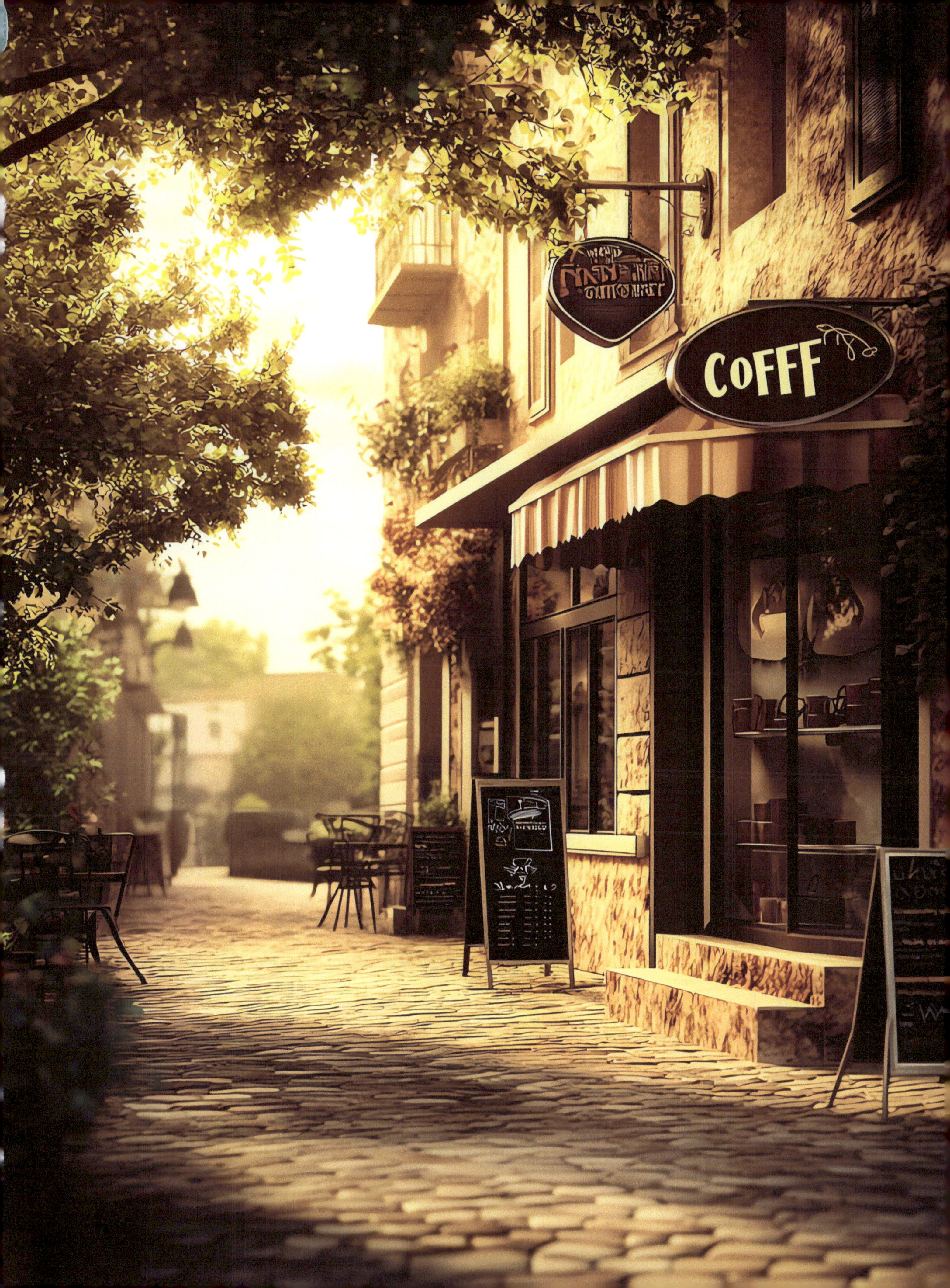
CoFFF

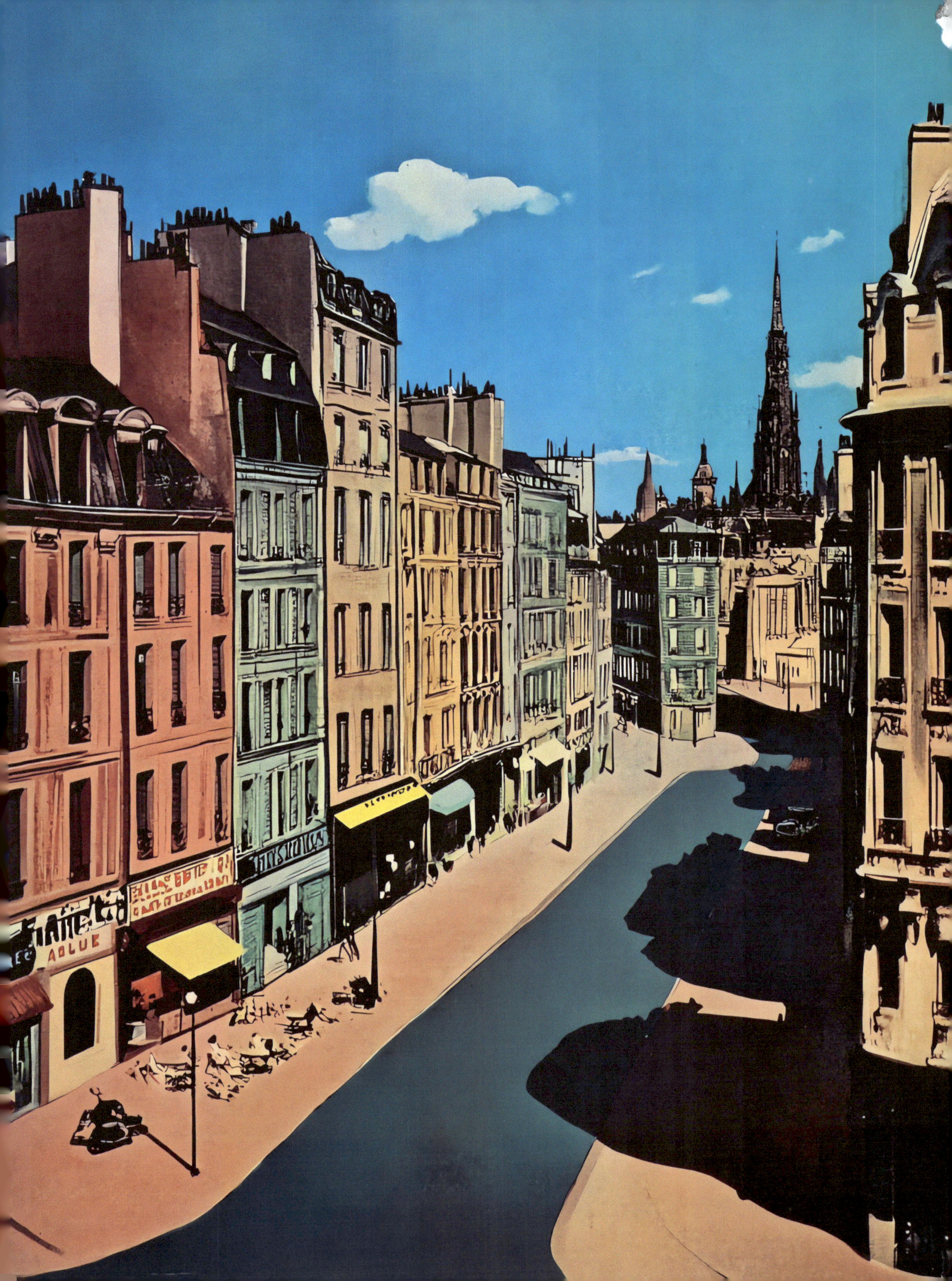

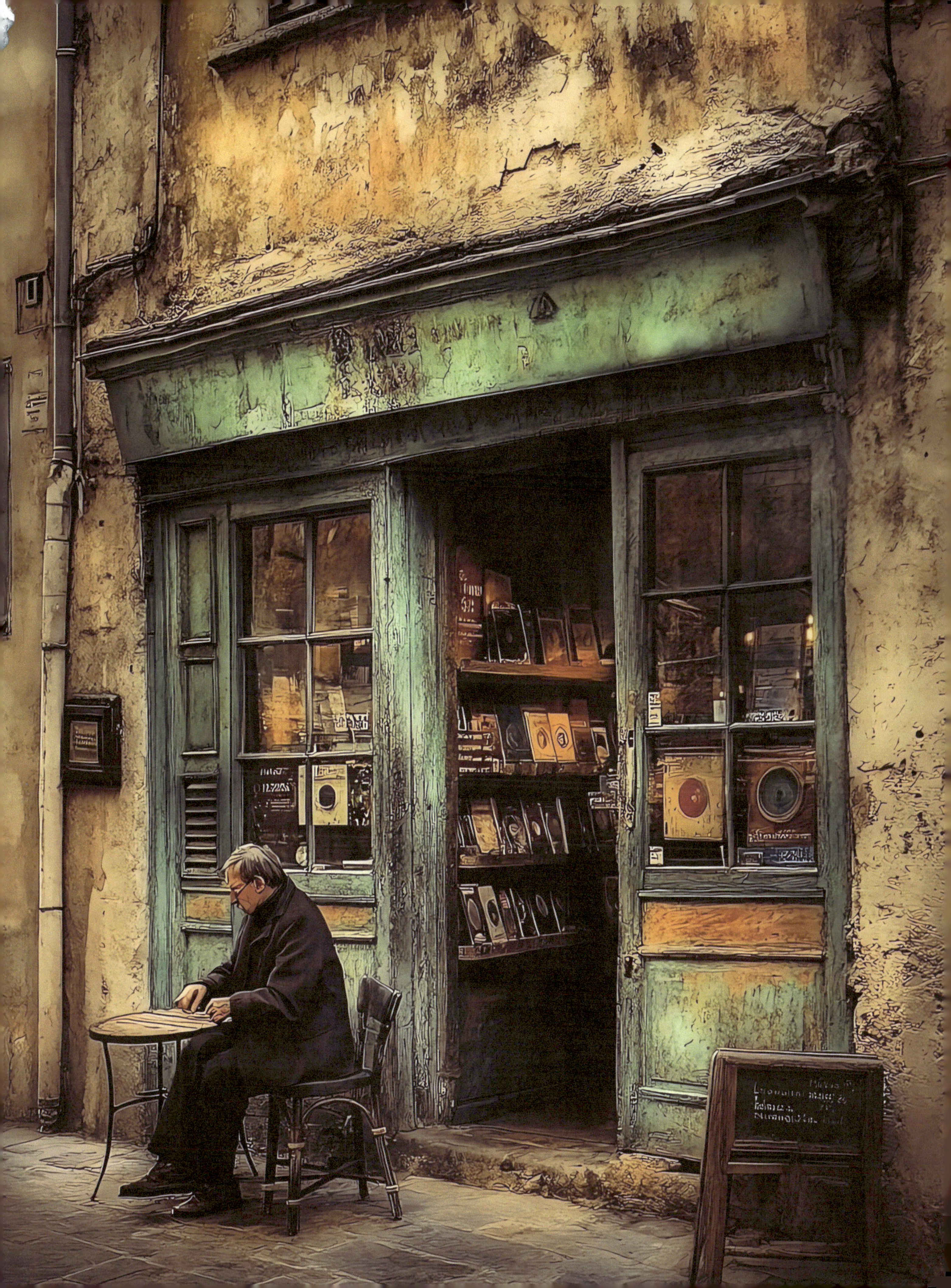

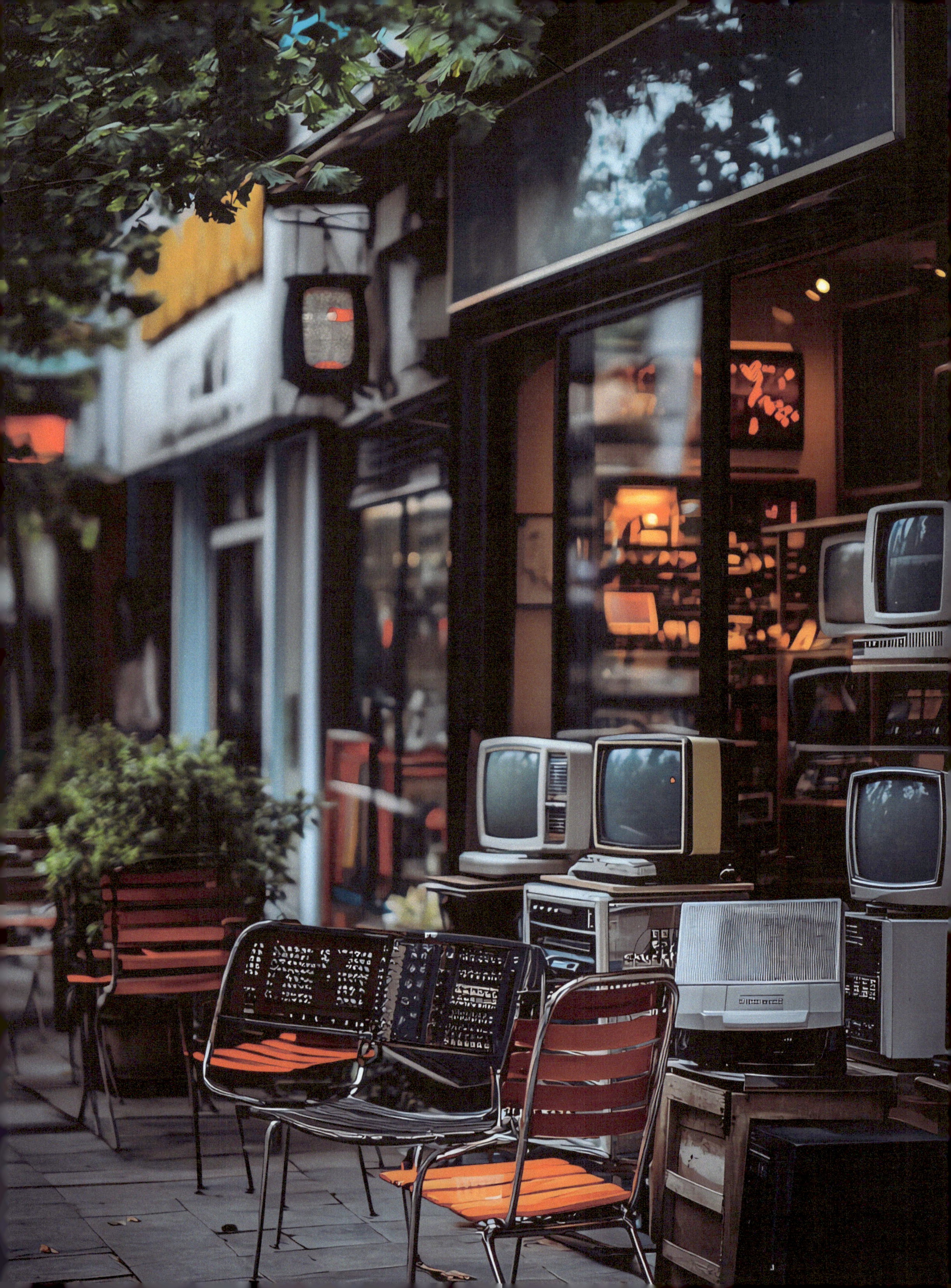

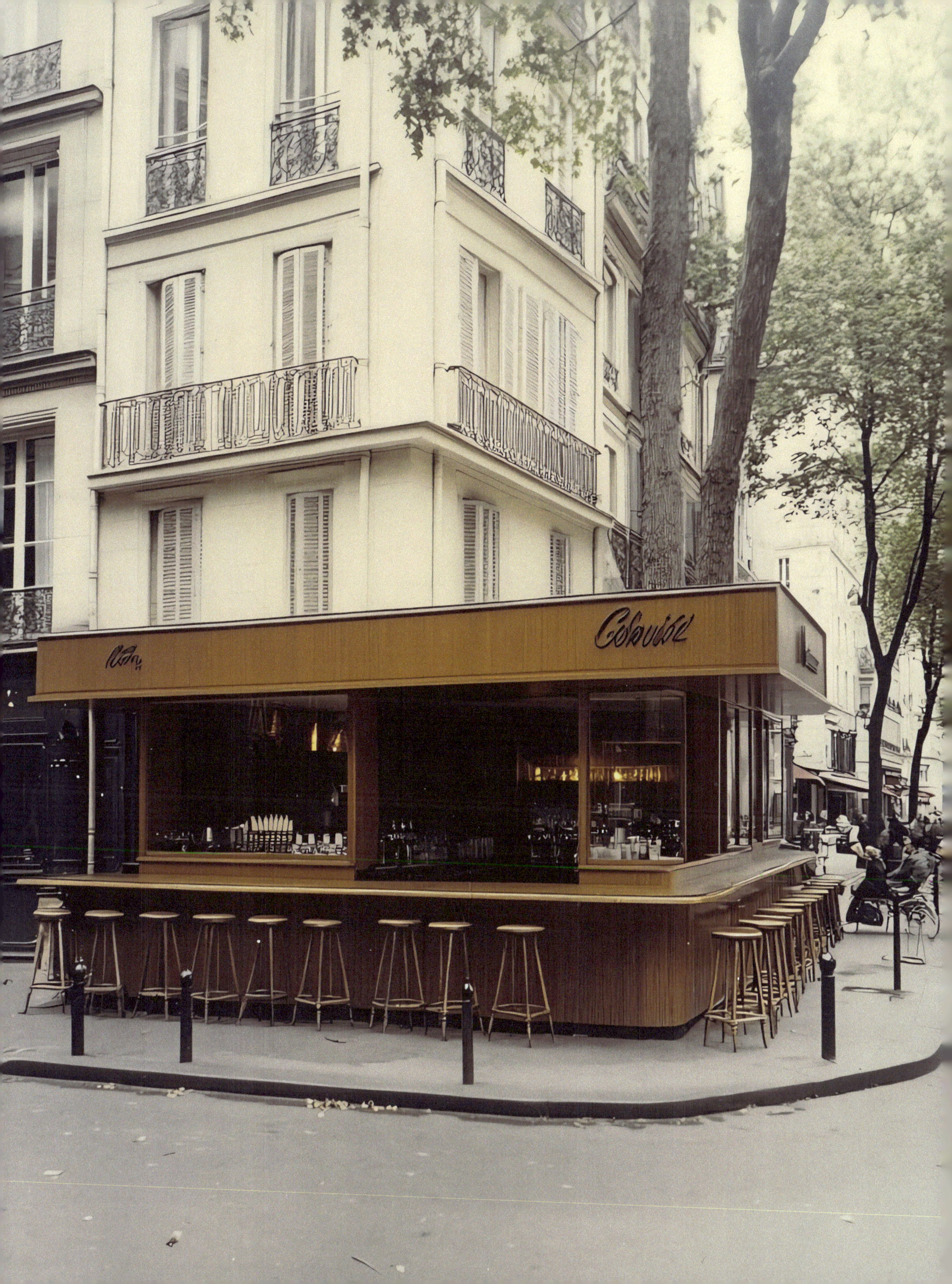

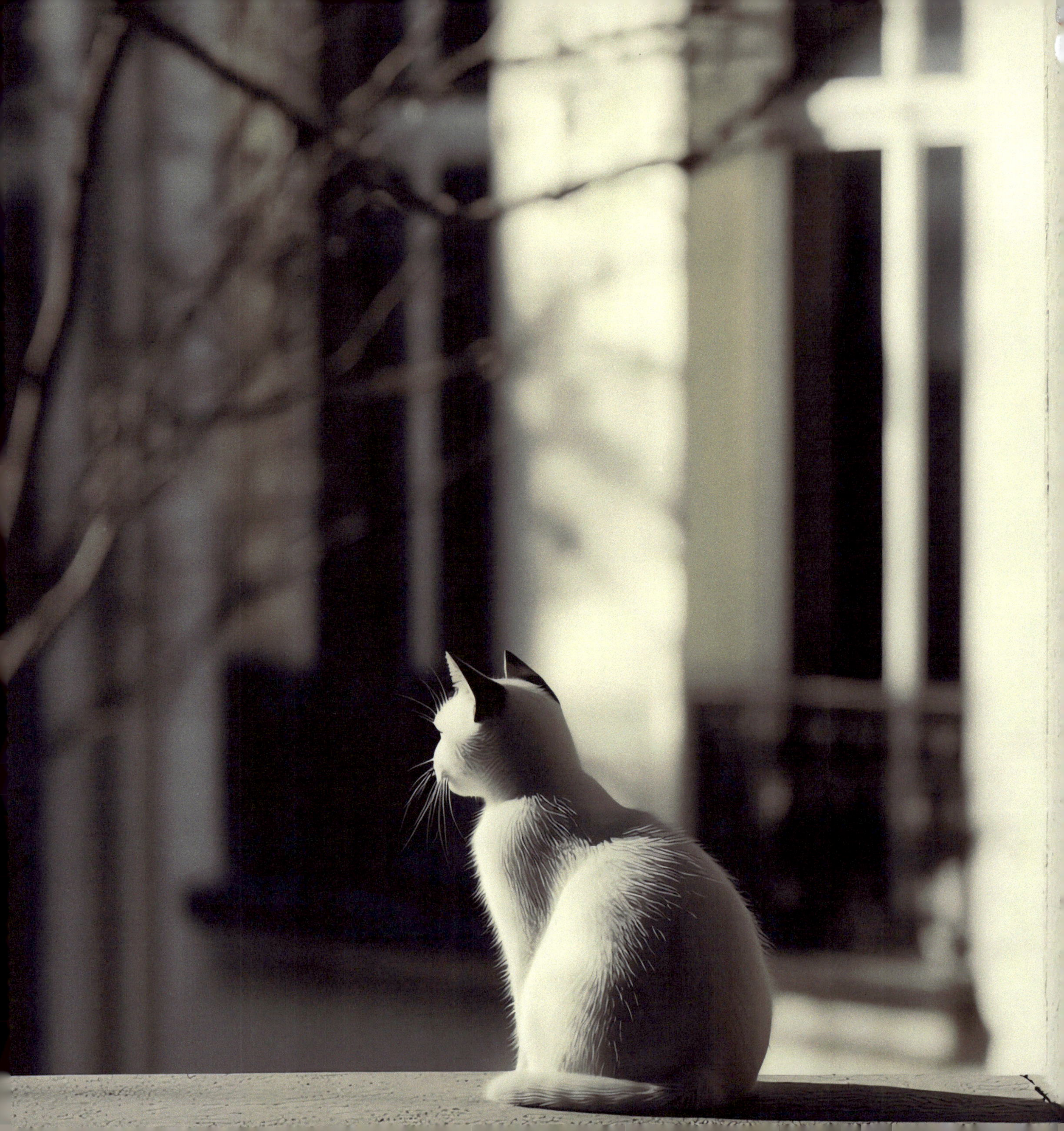

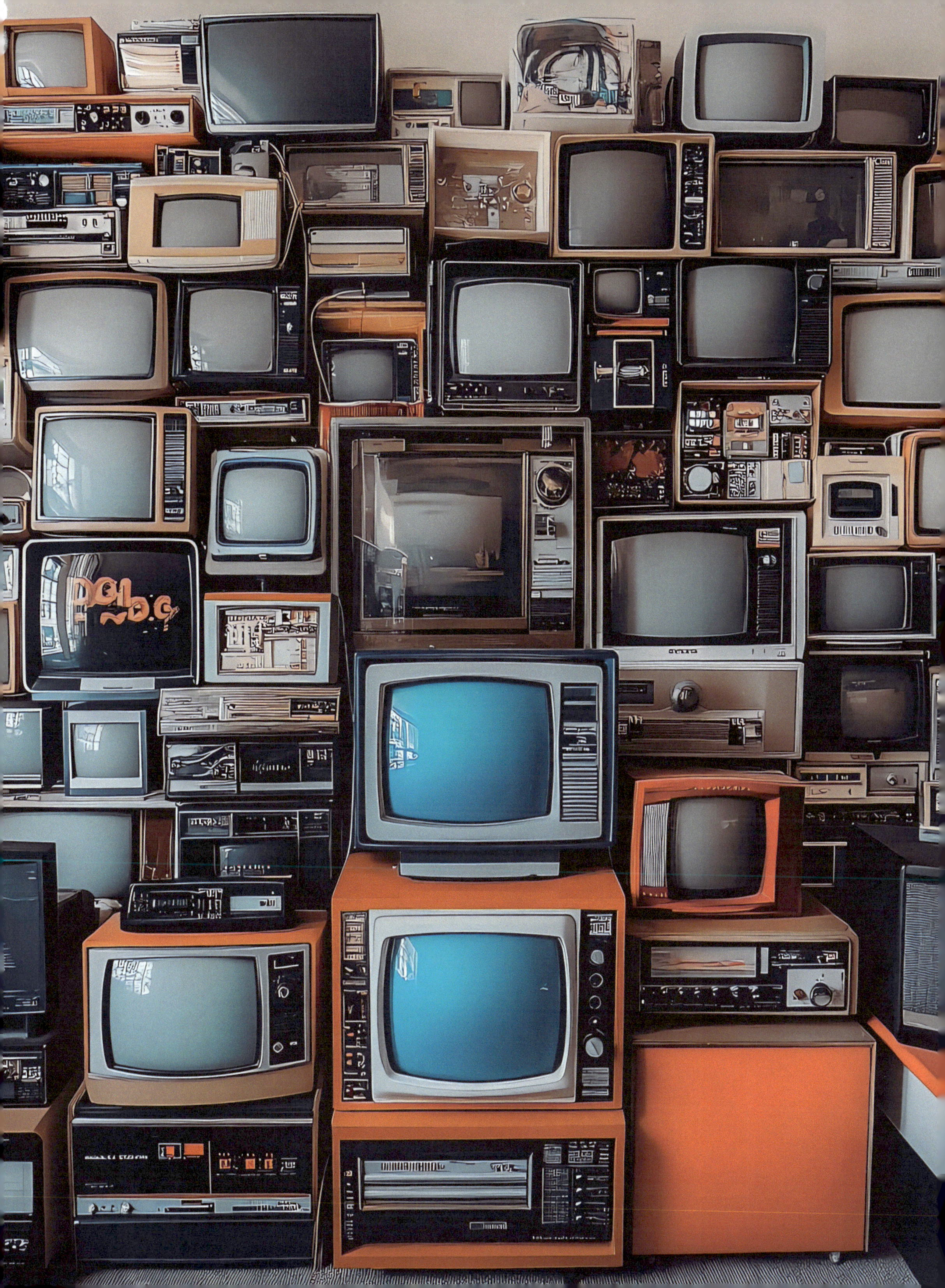

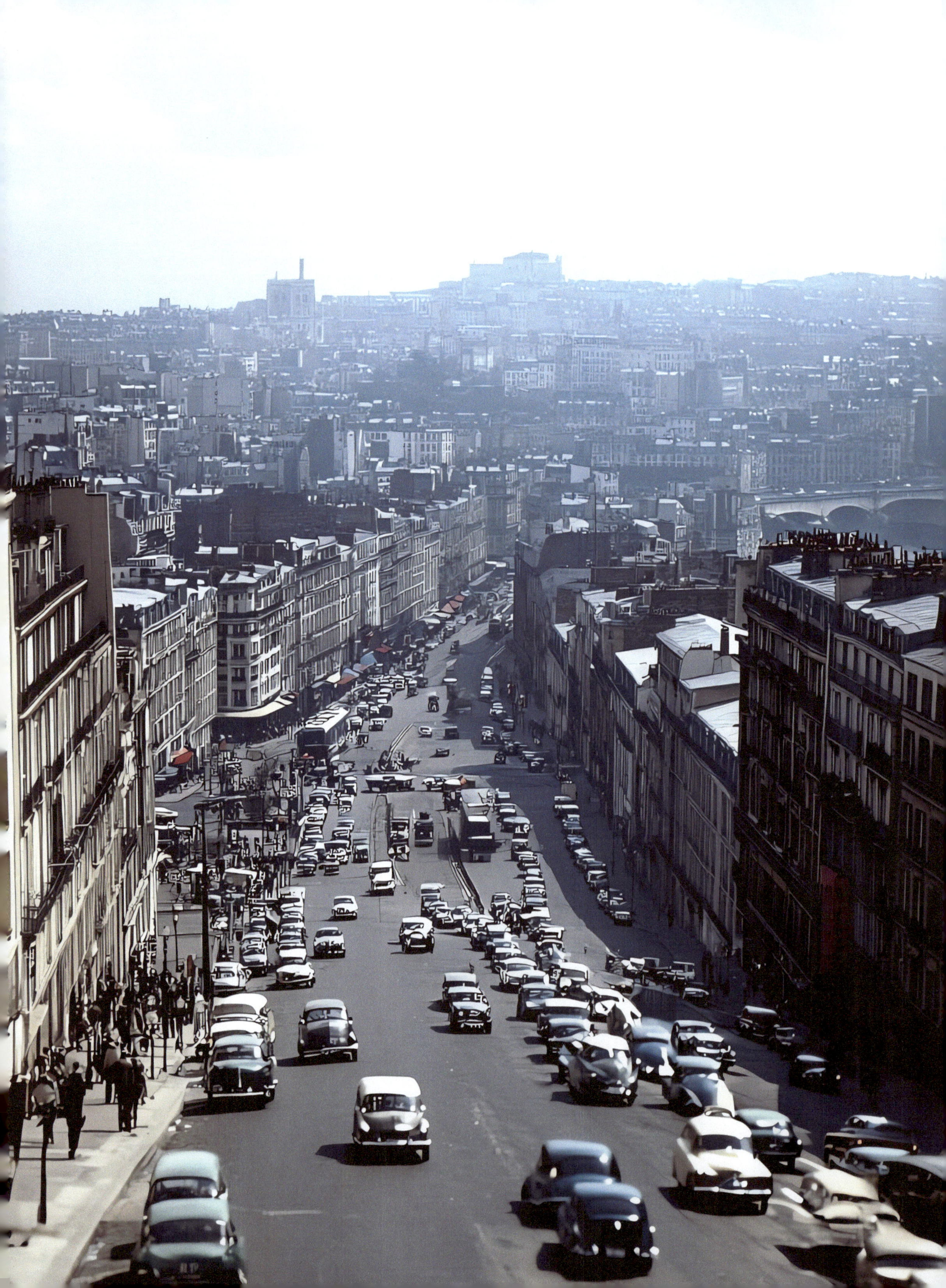

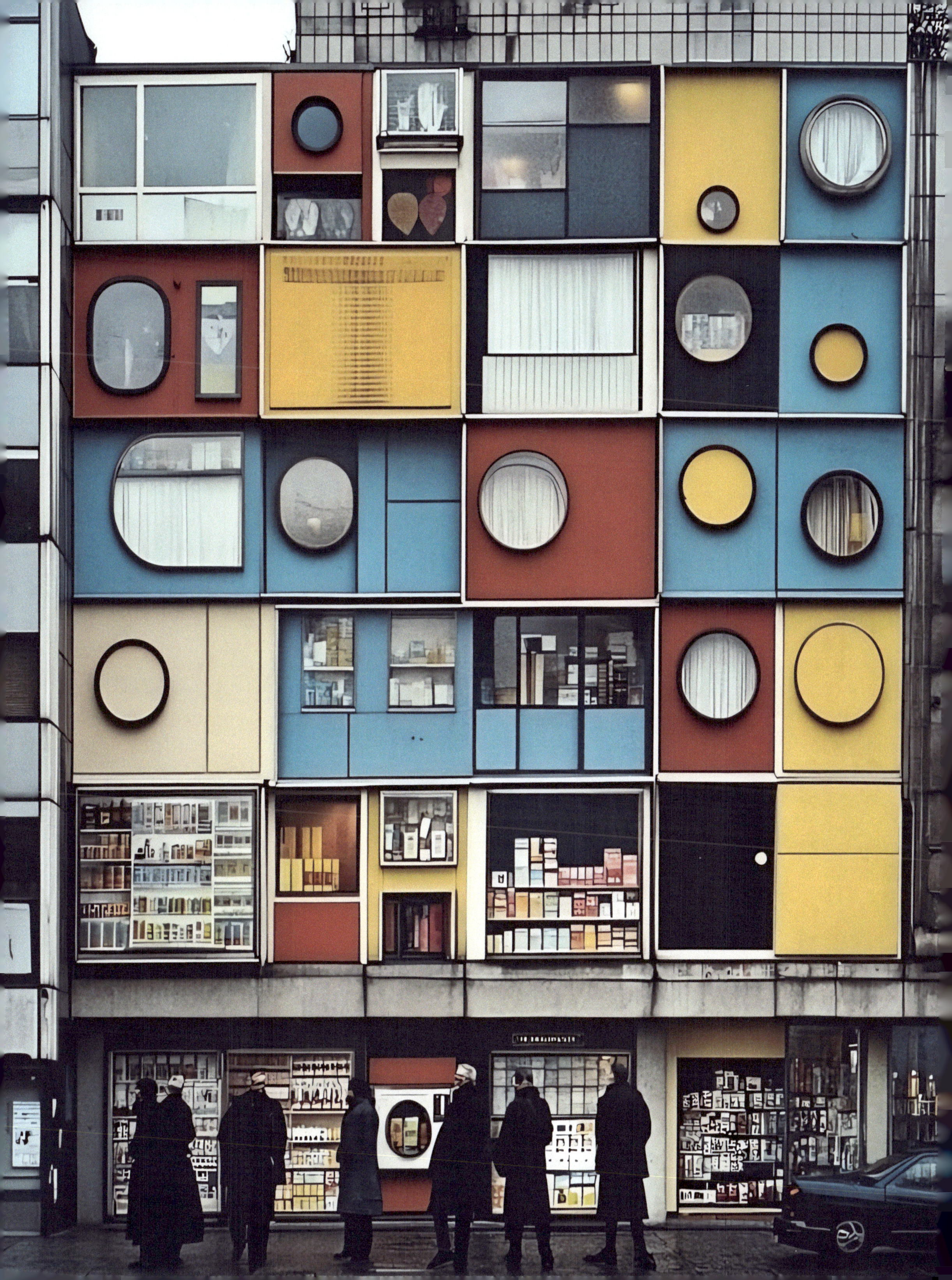

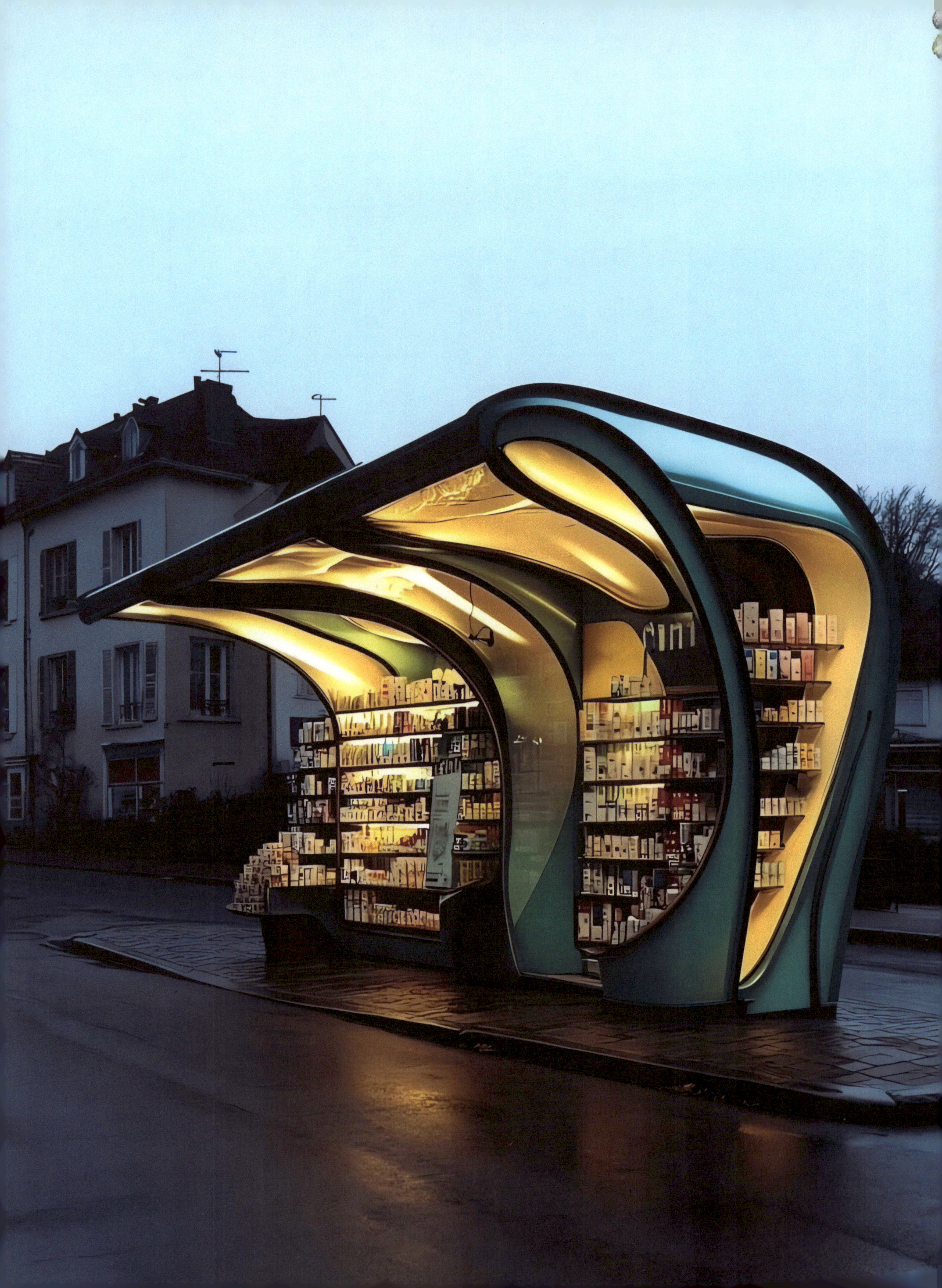

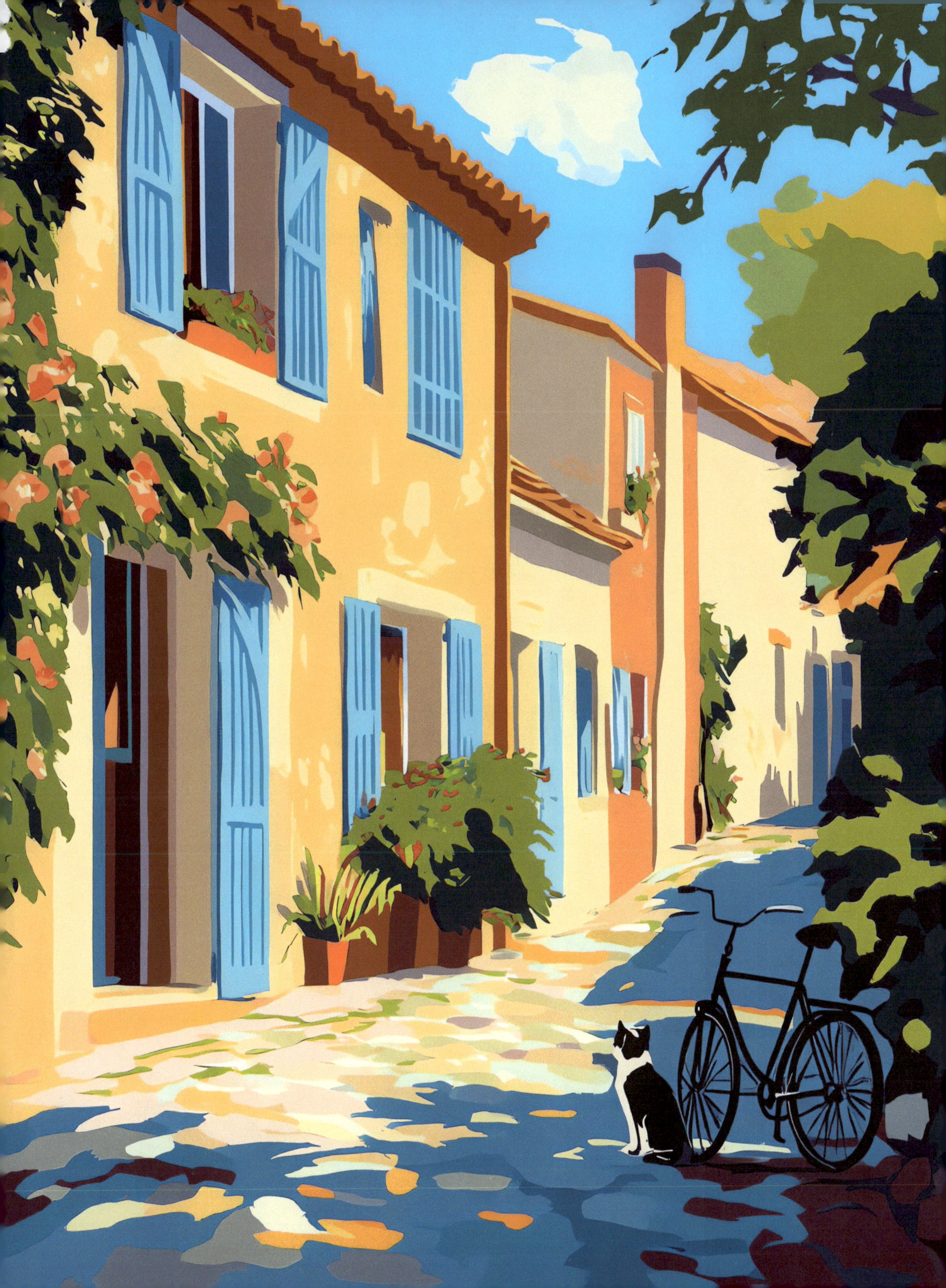

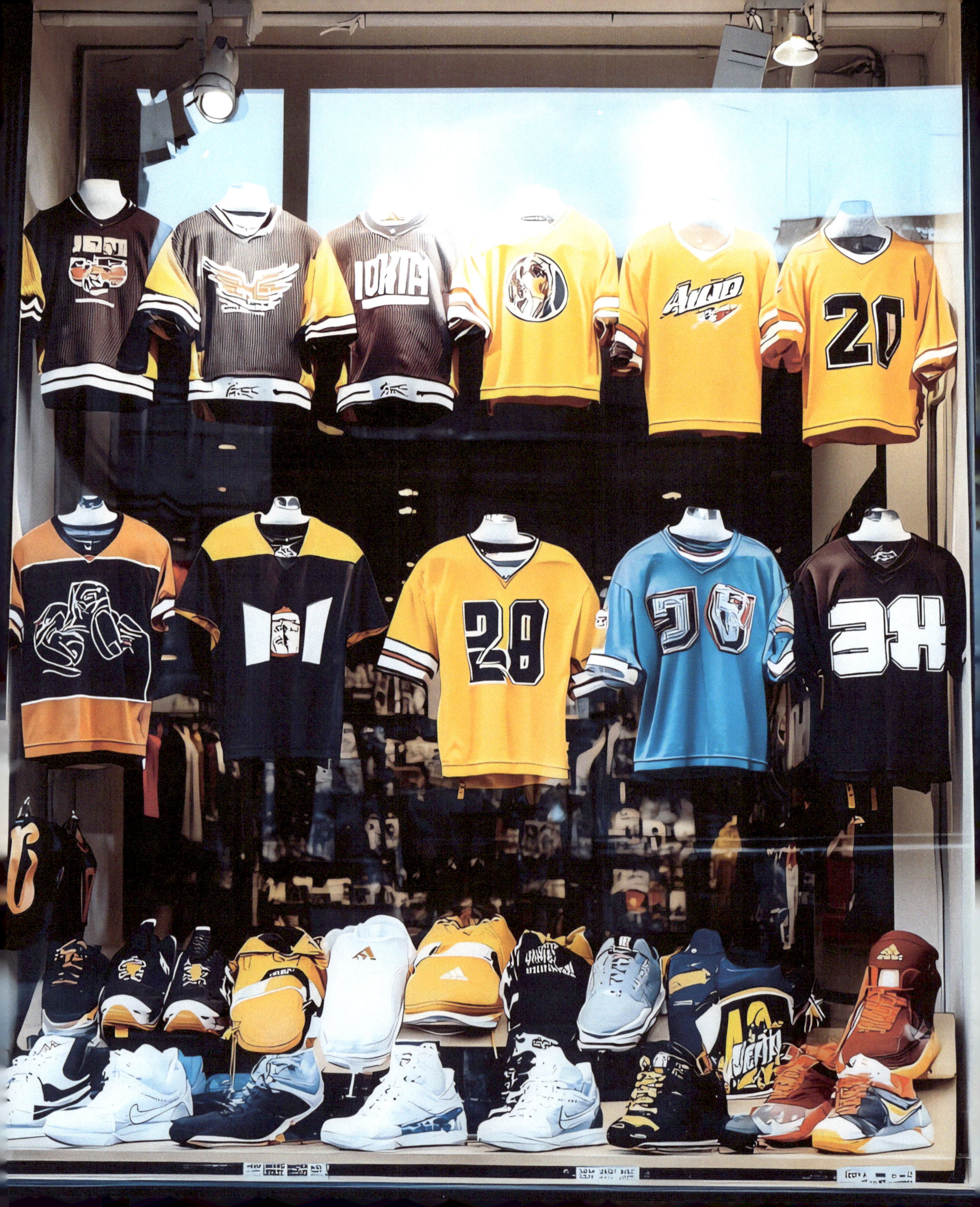
IOKIA
20
28

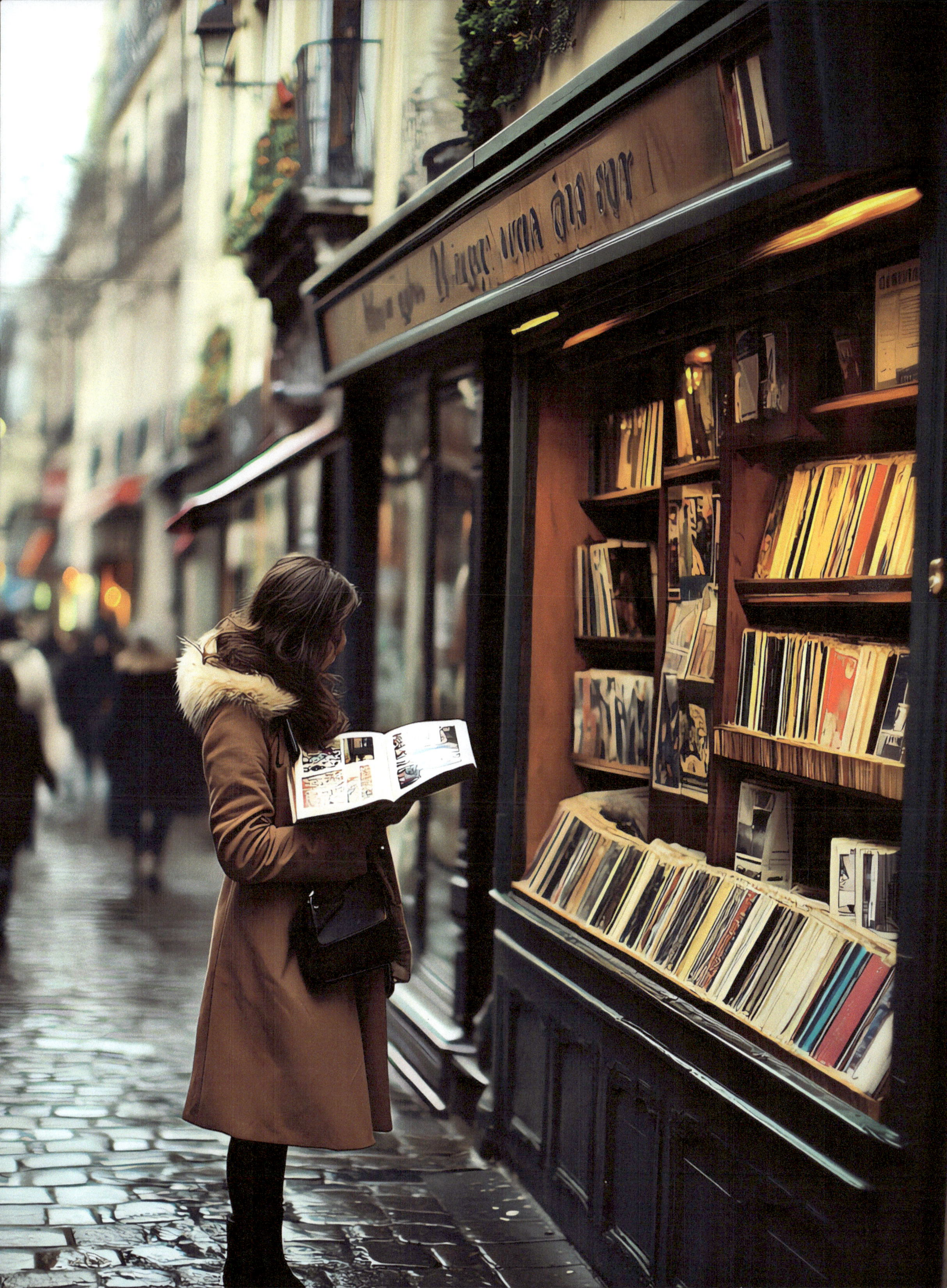

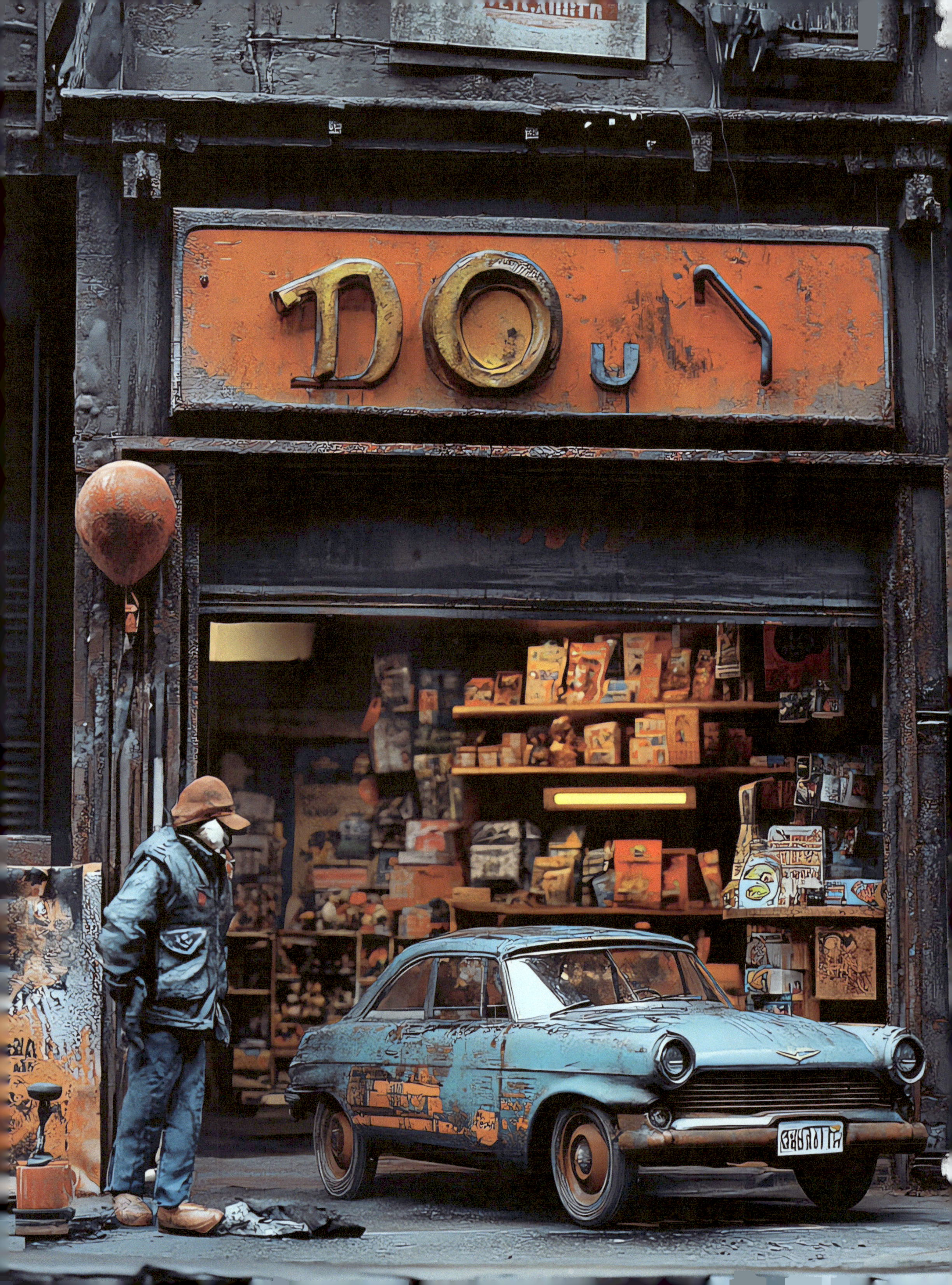

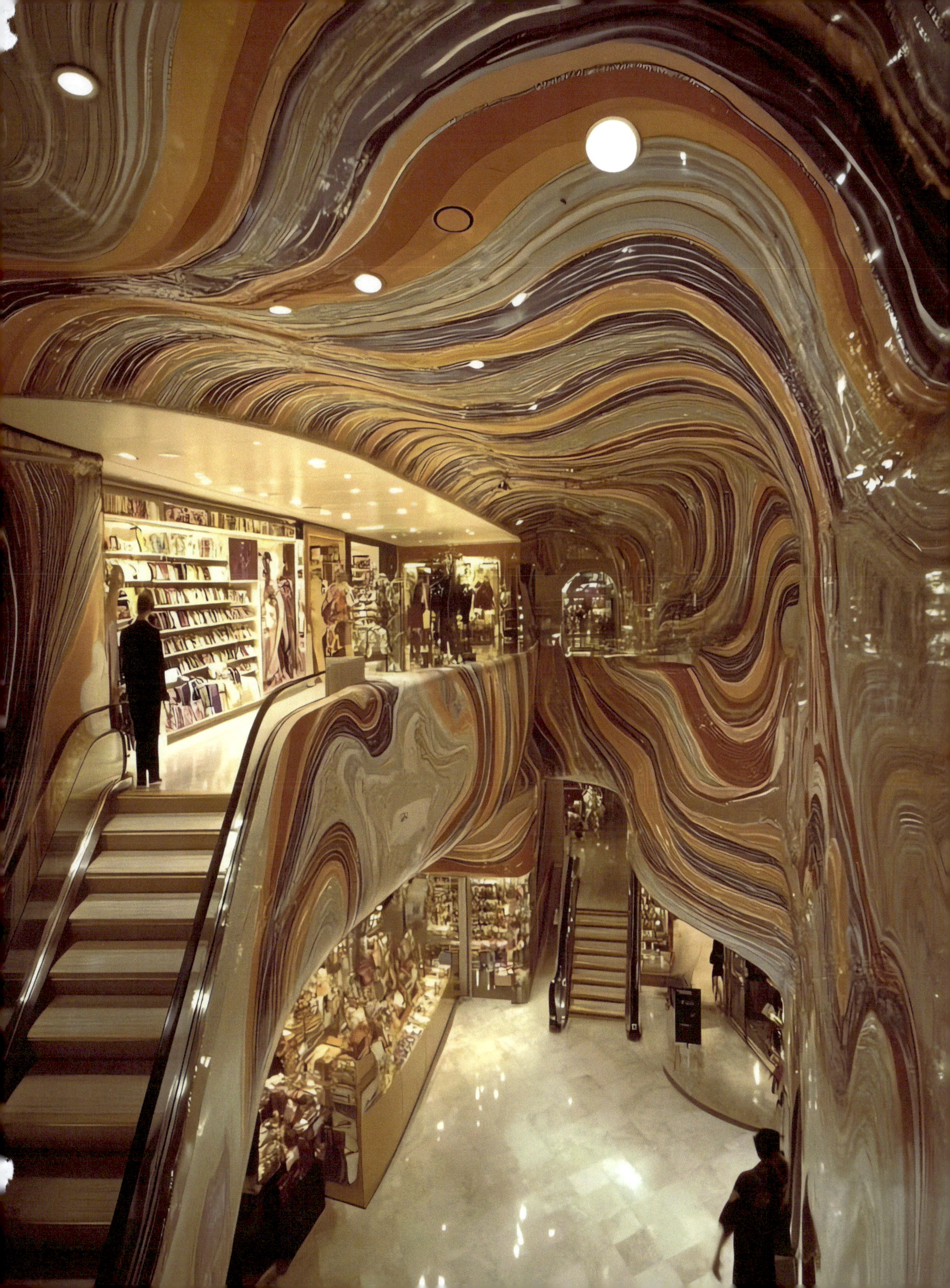

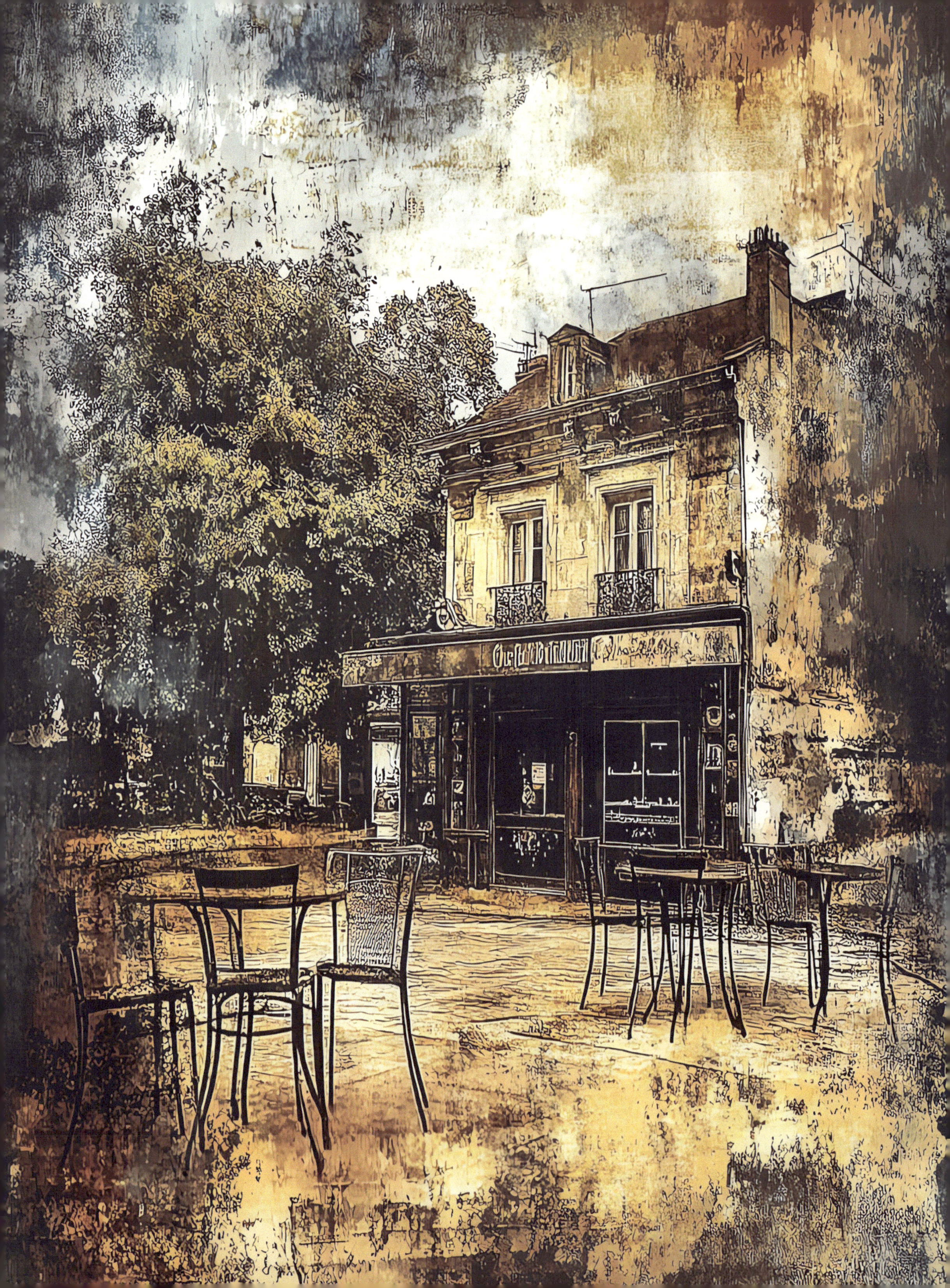

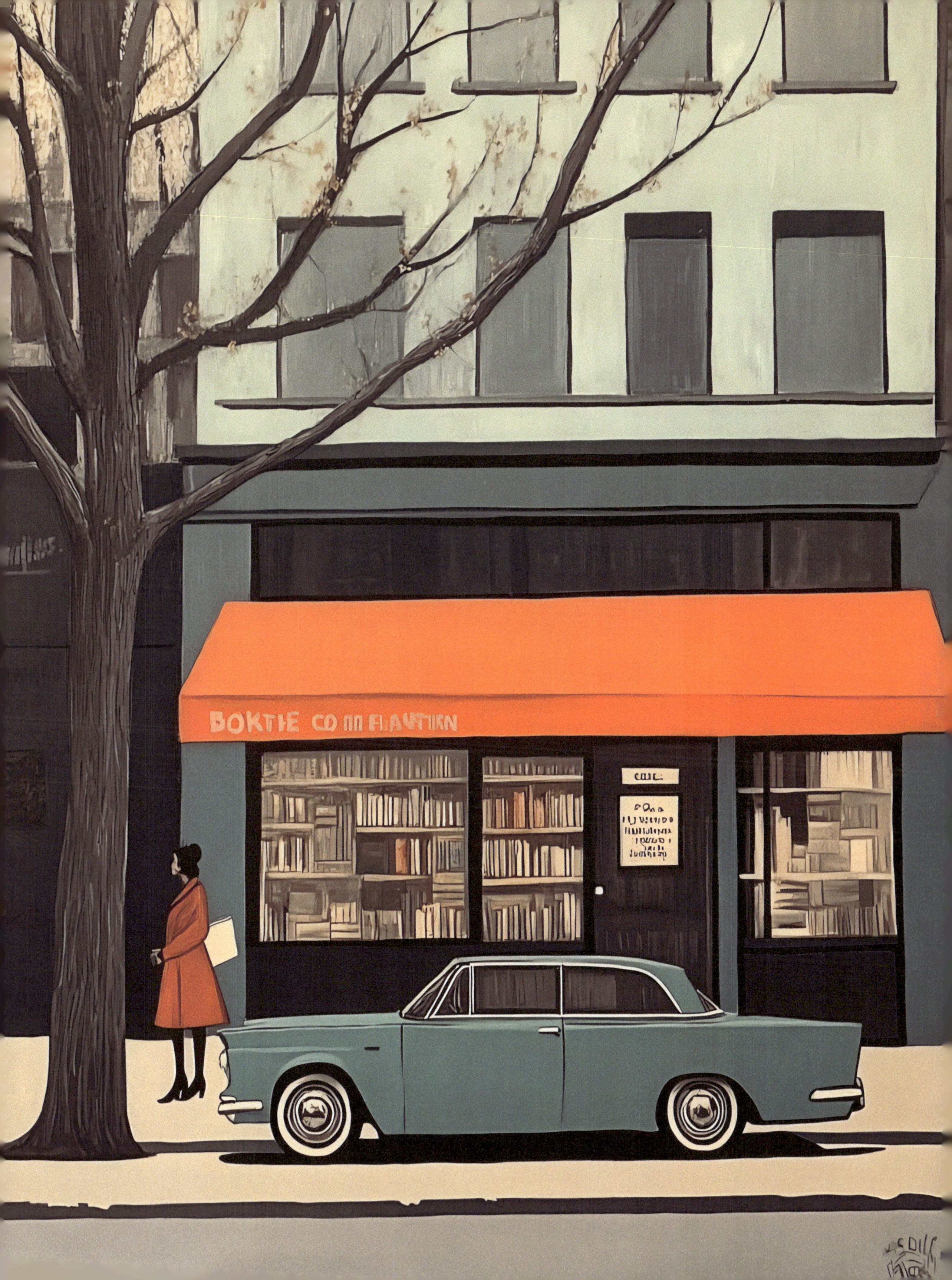
BOKTIE

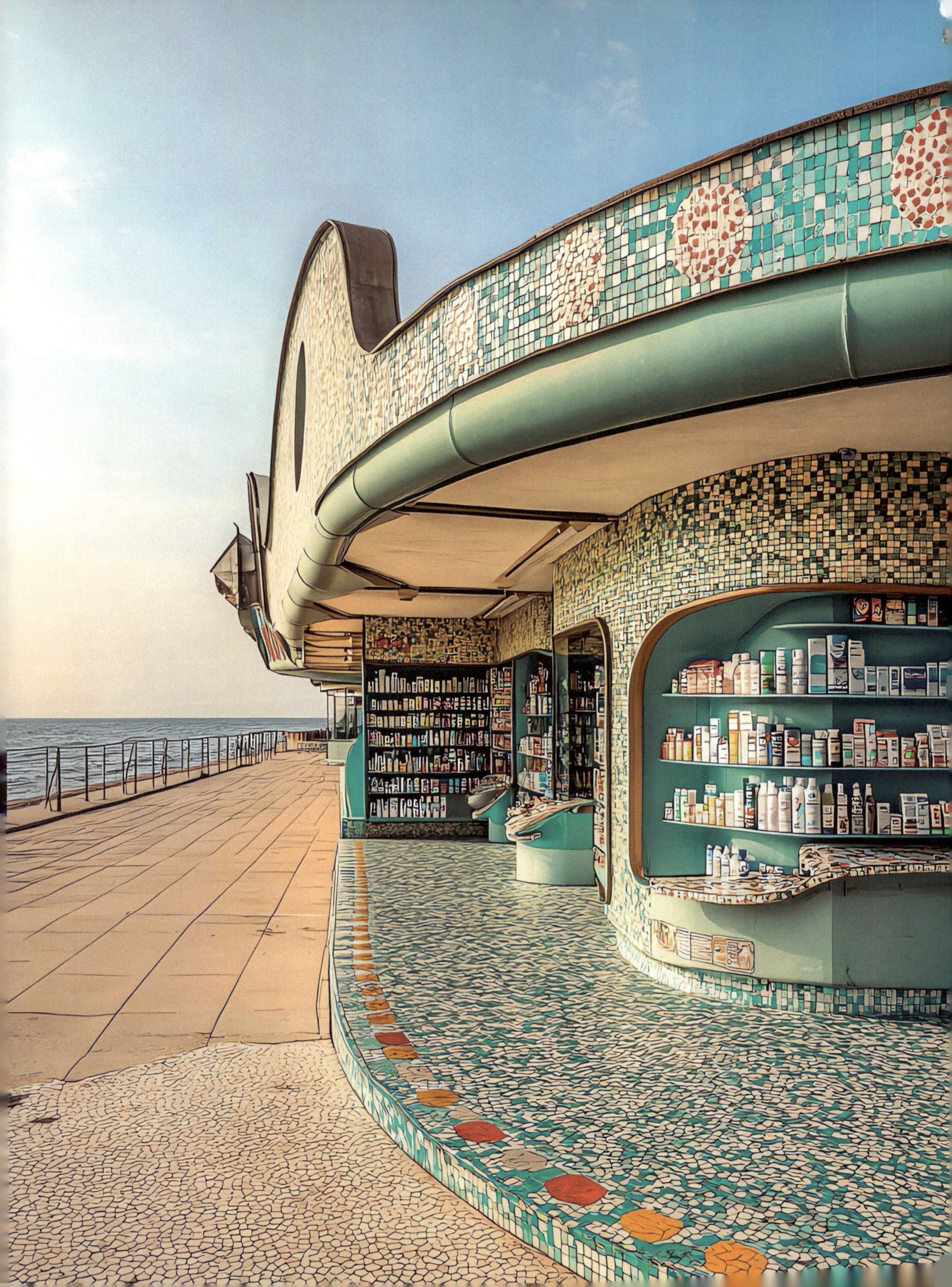

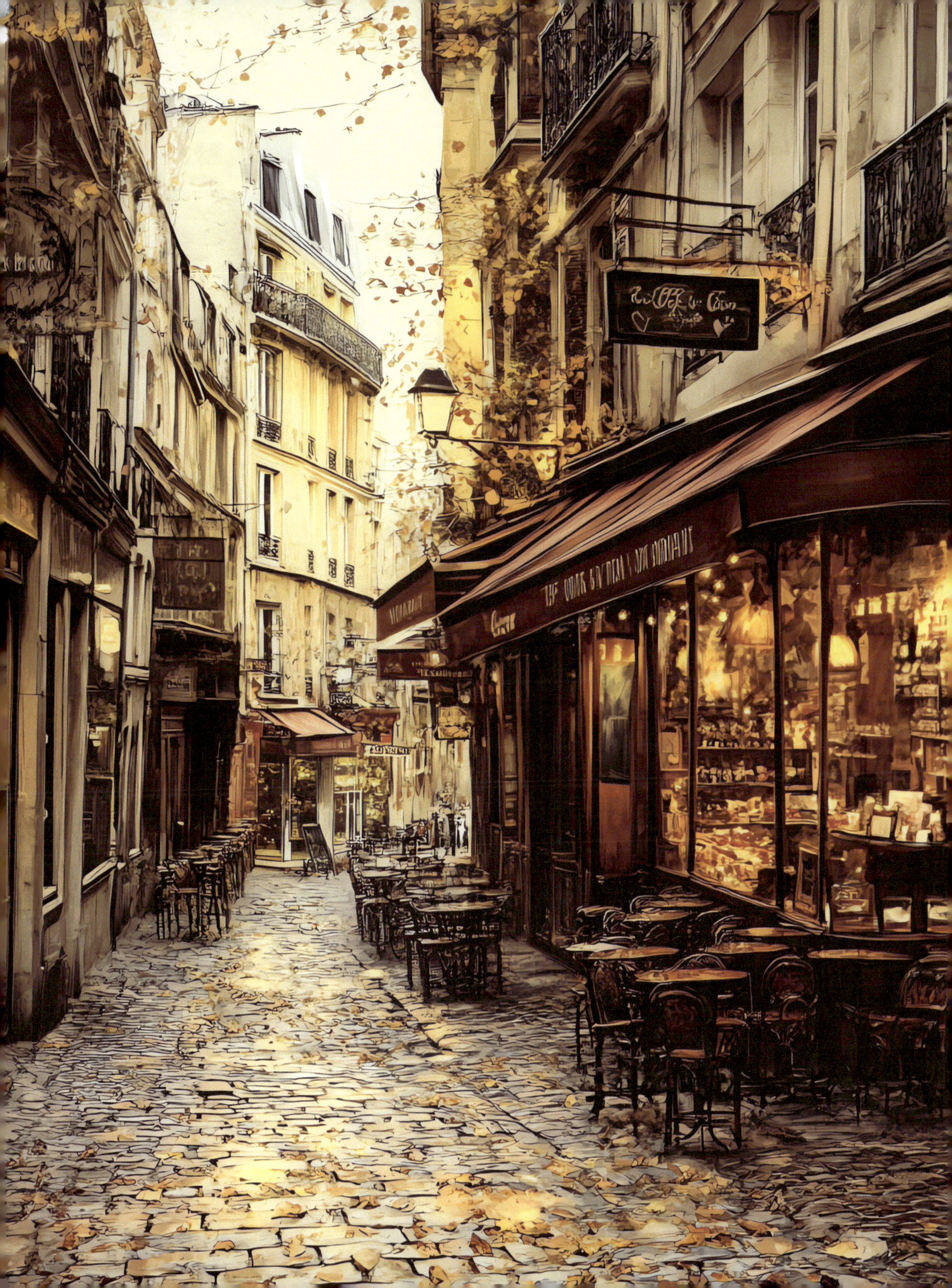

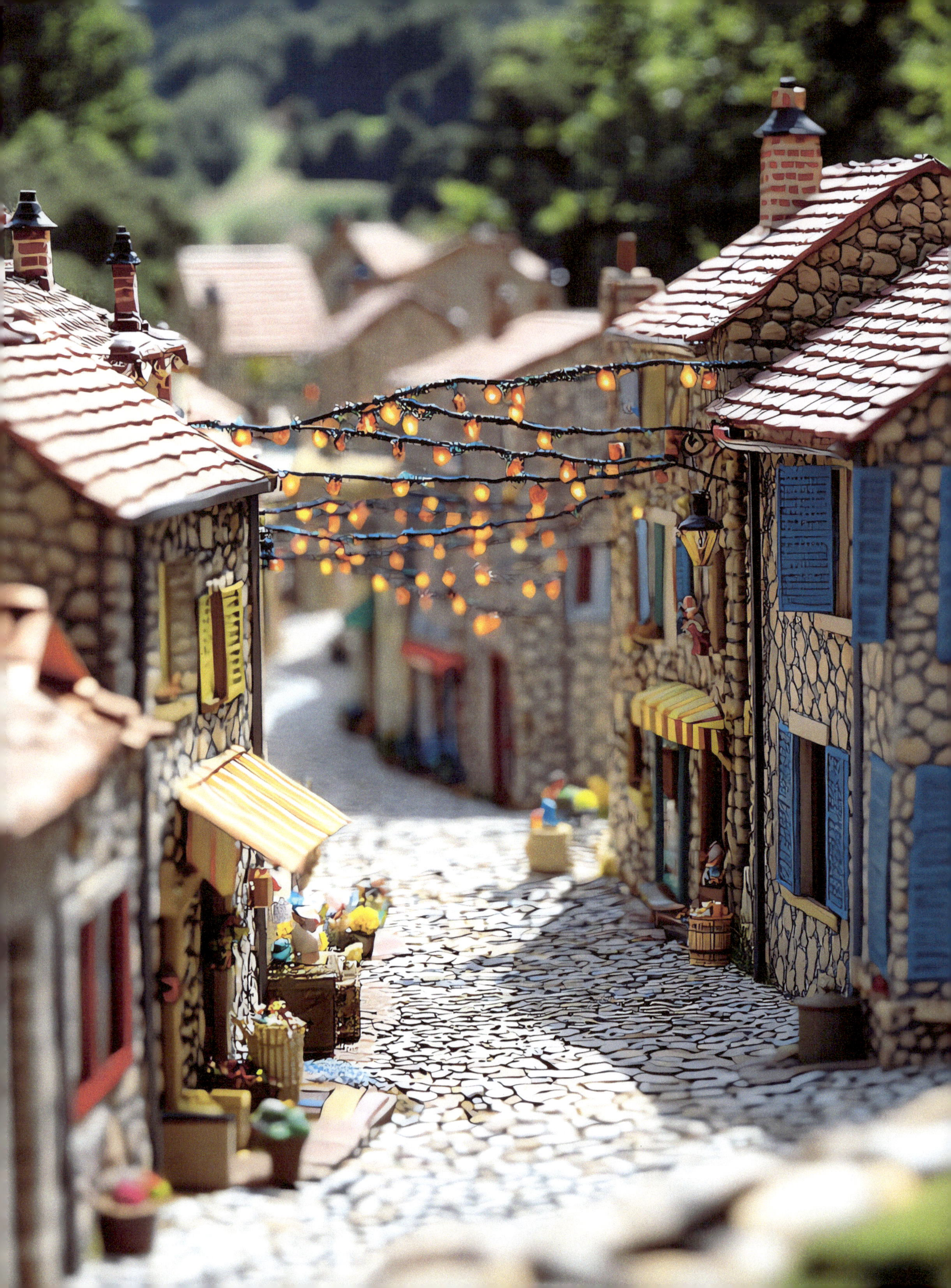

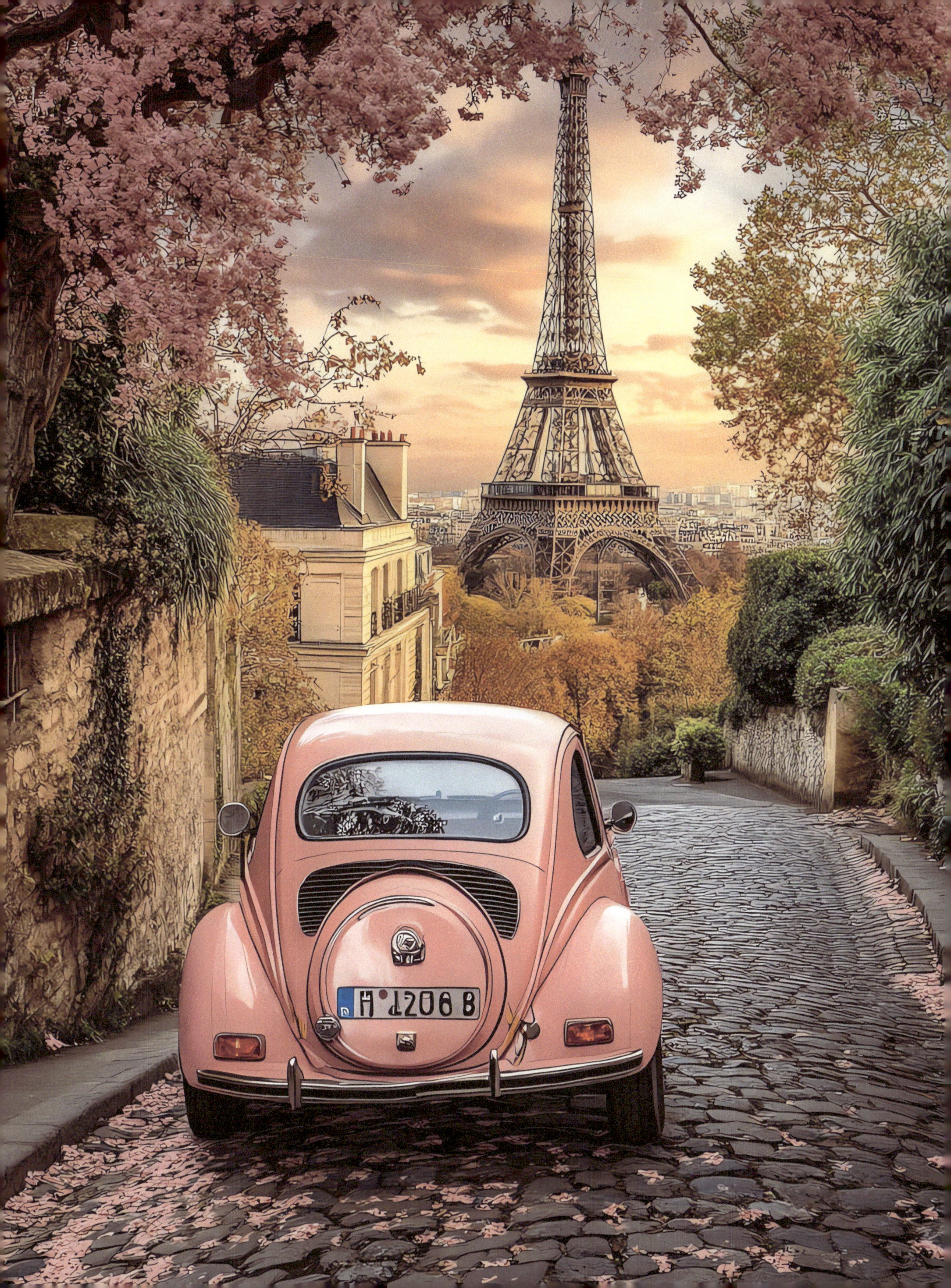

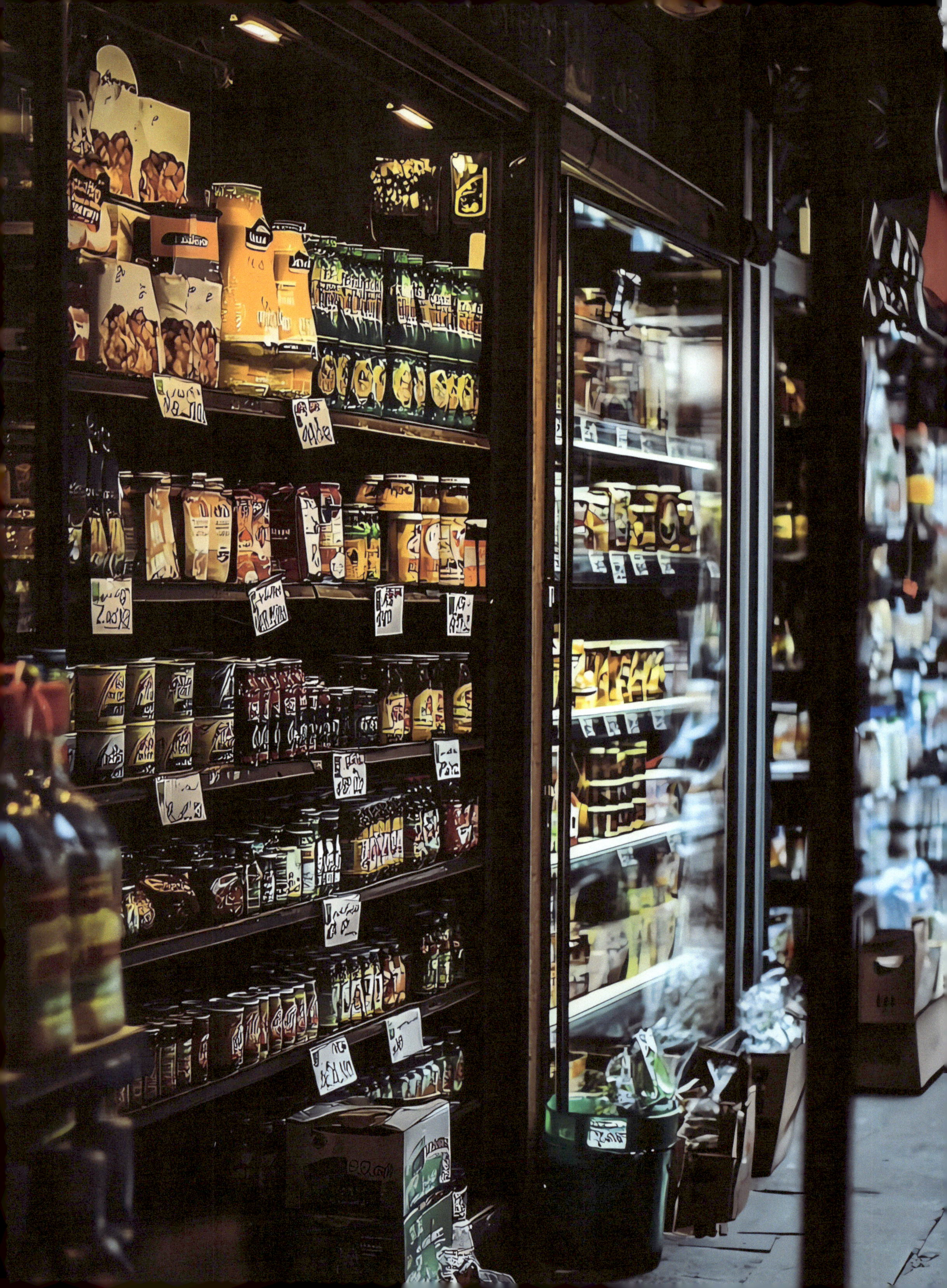

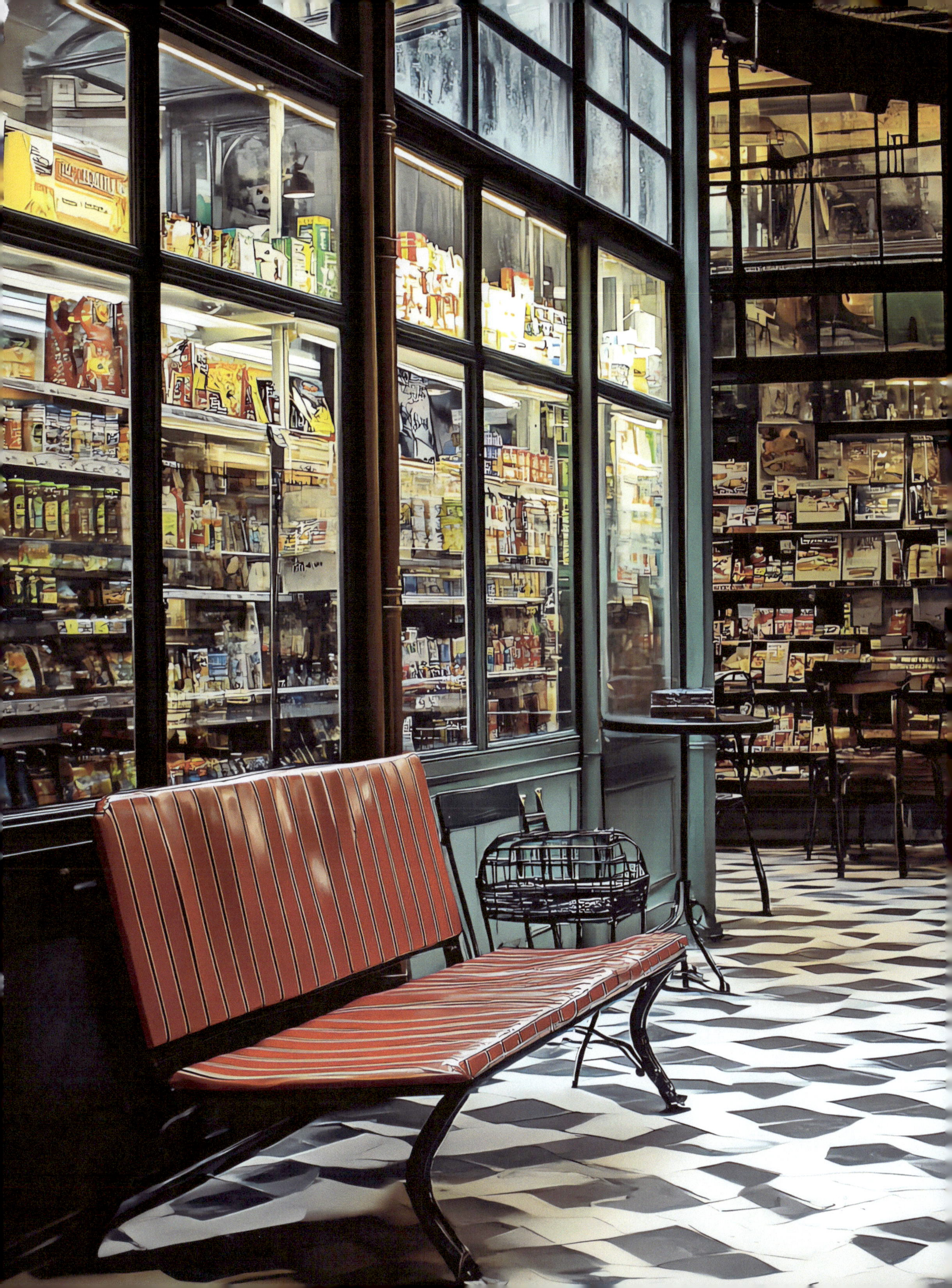

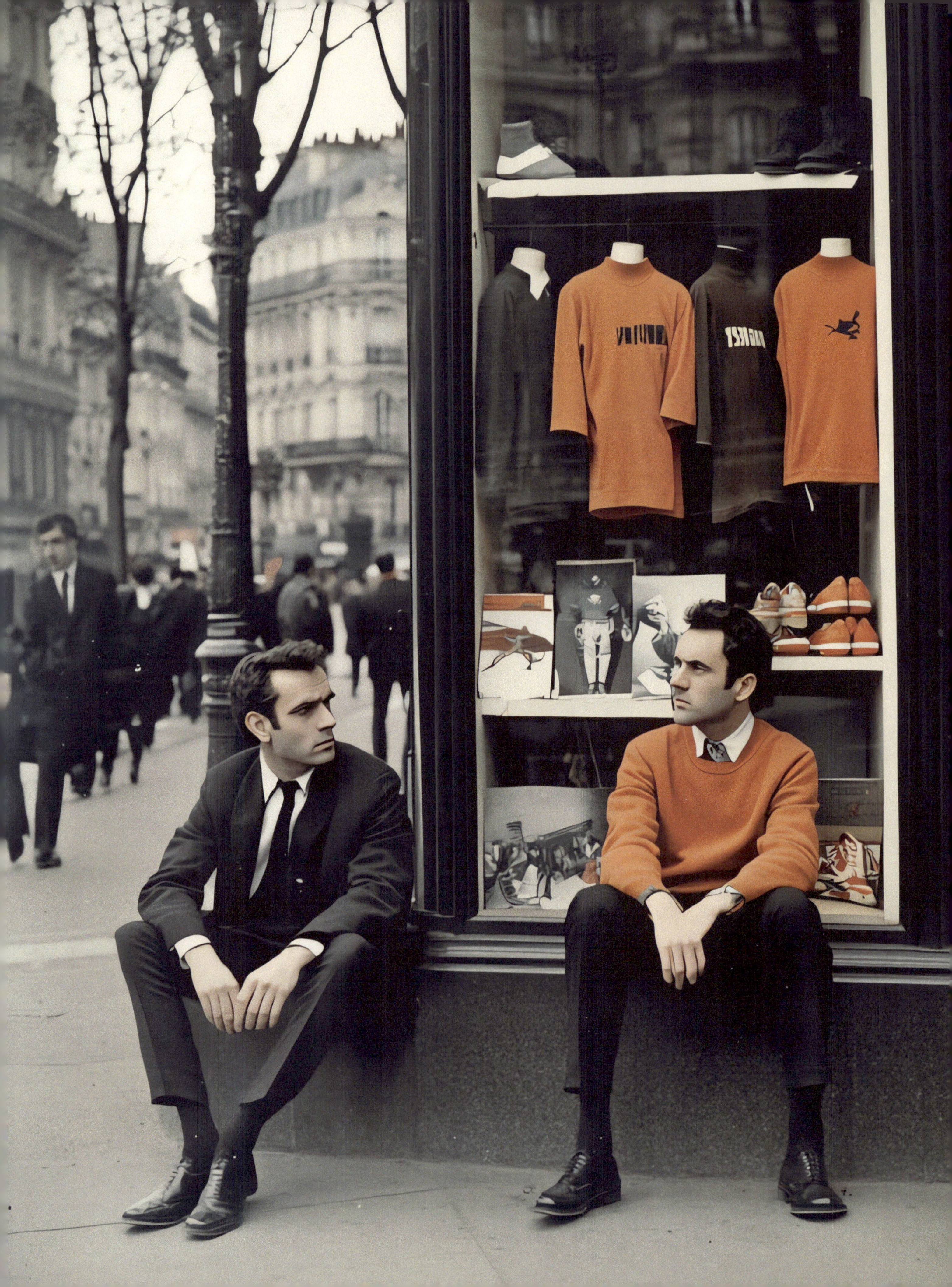

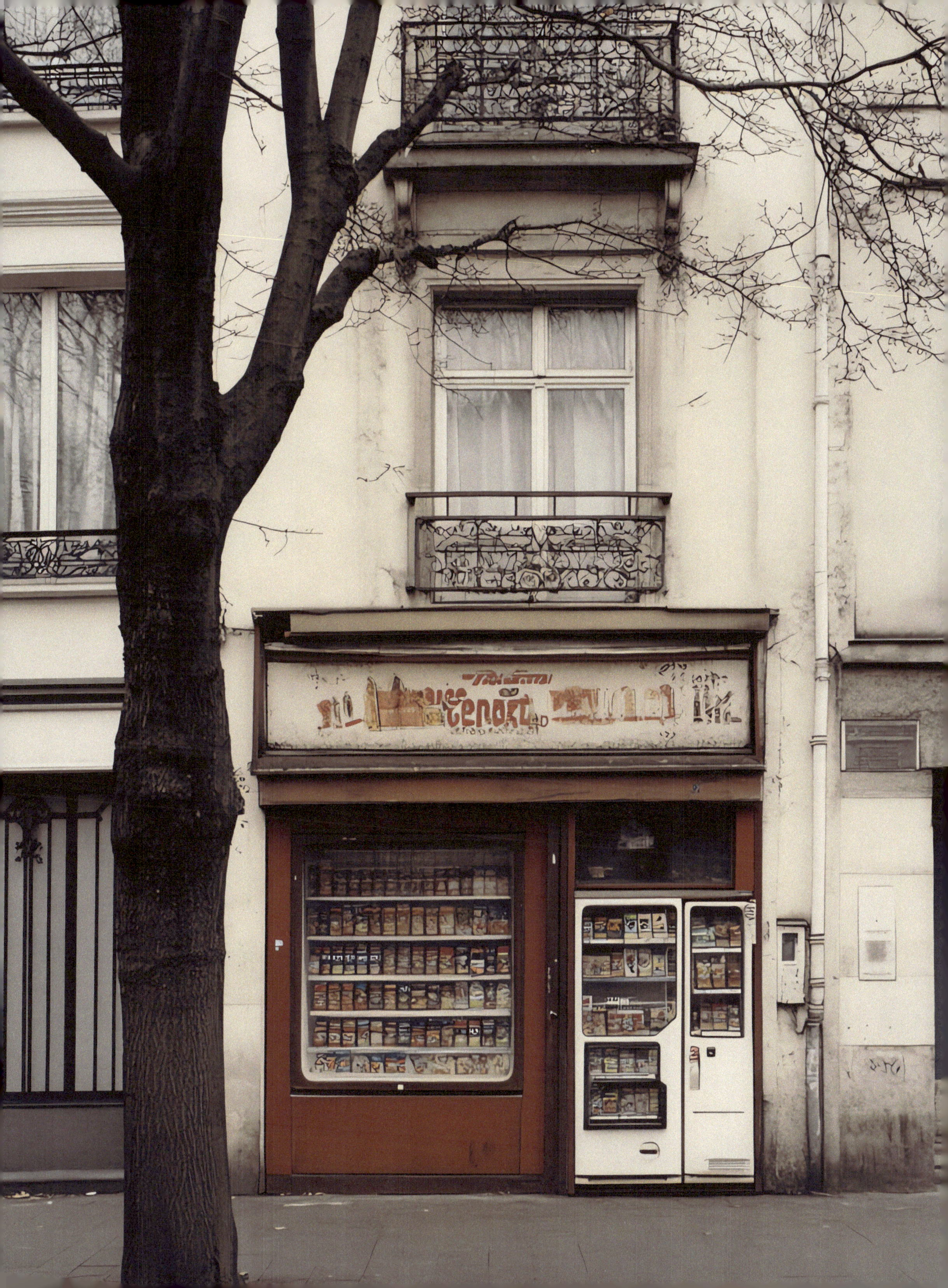

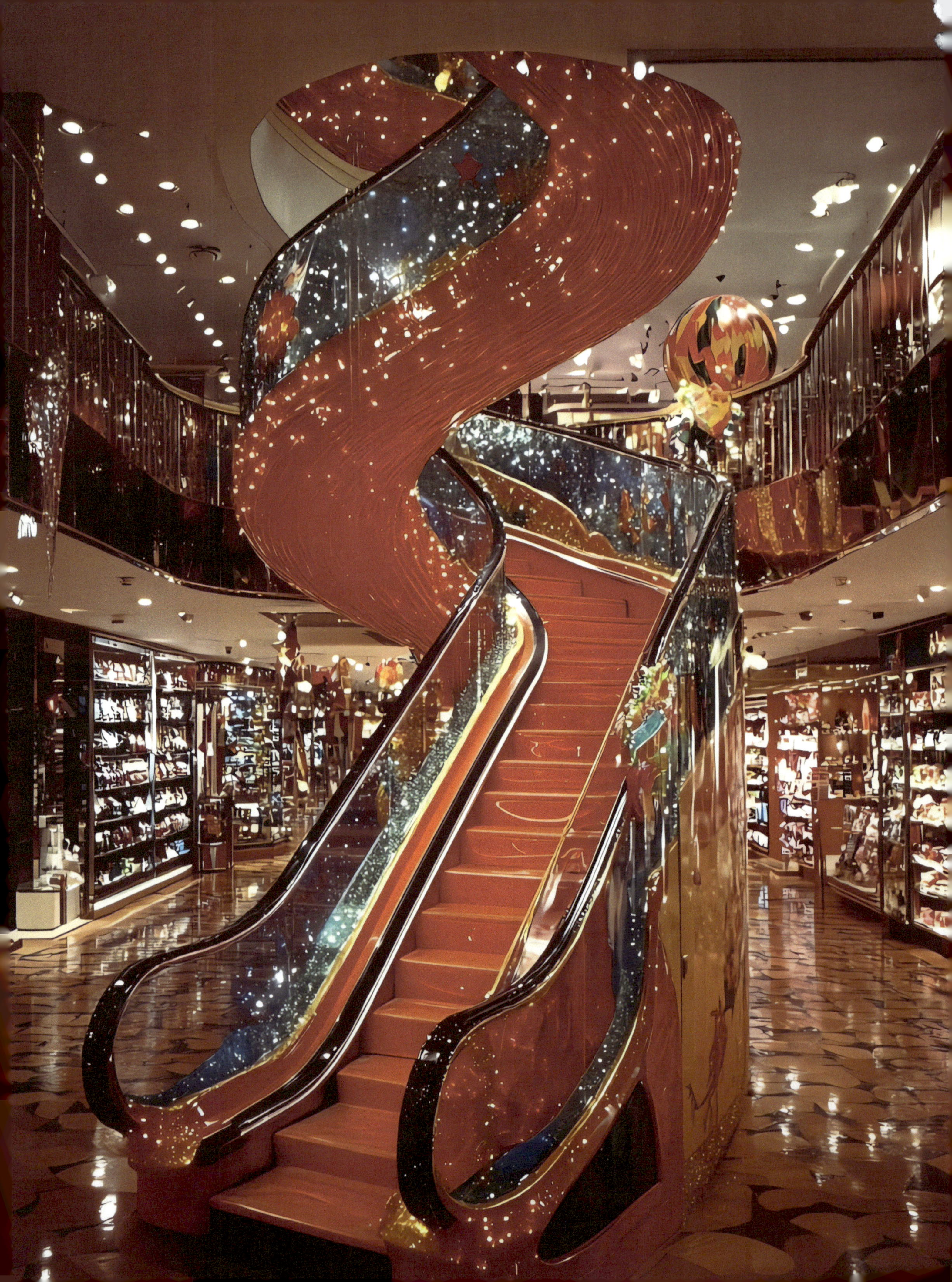

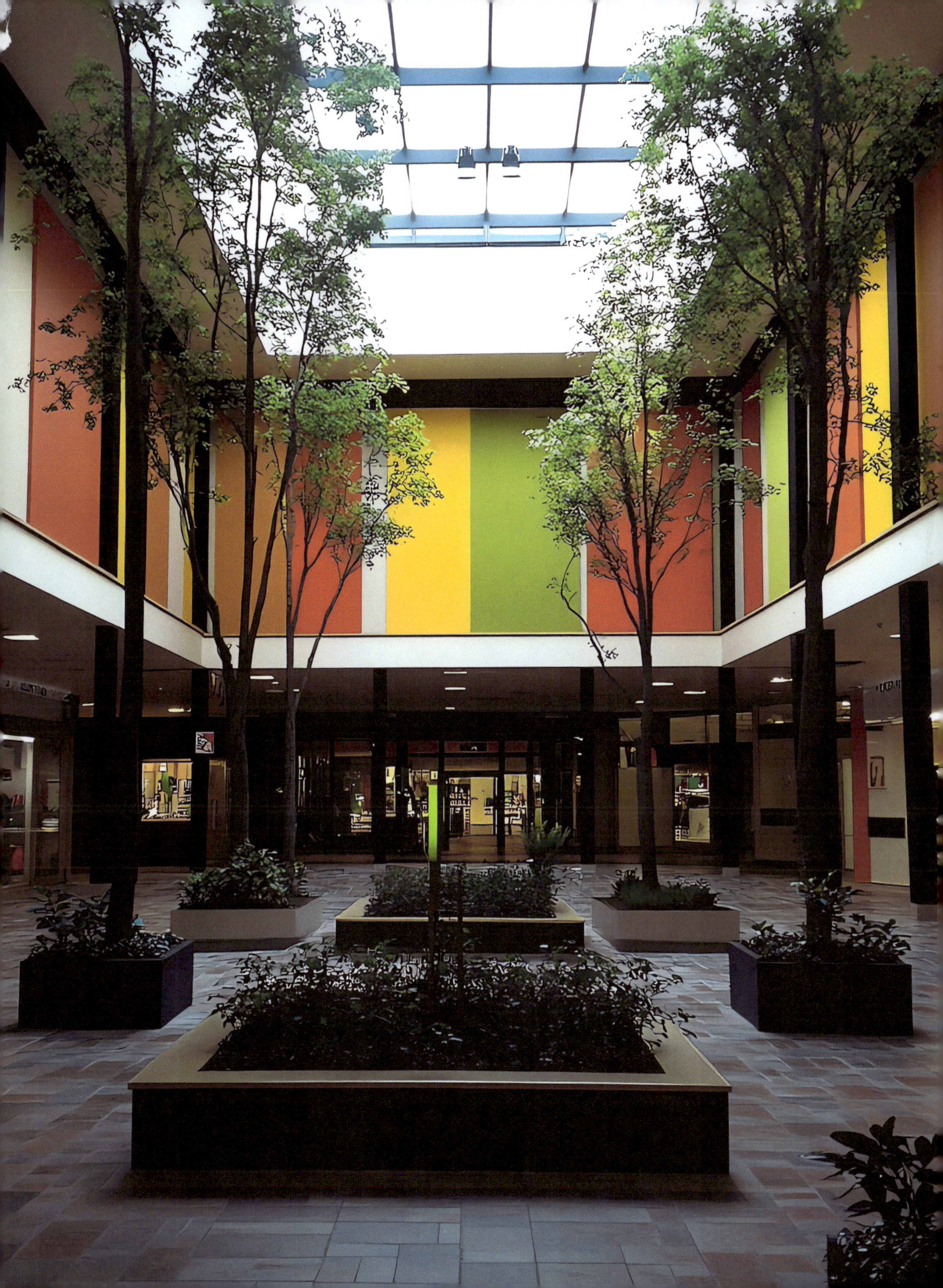

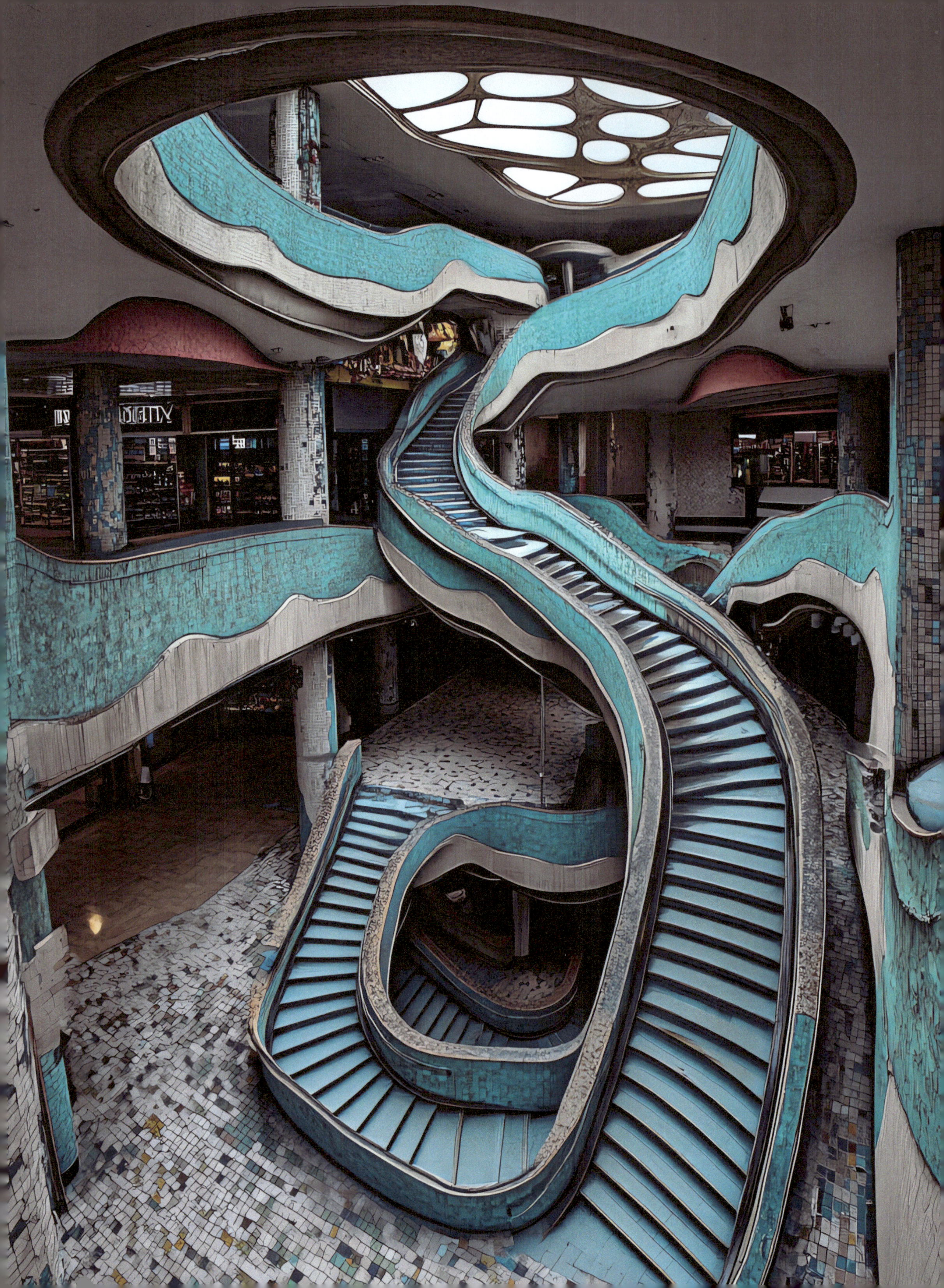

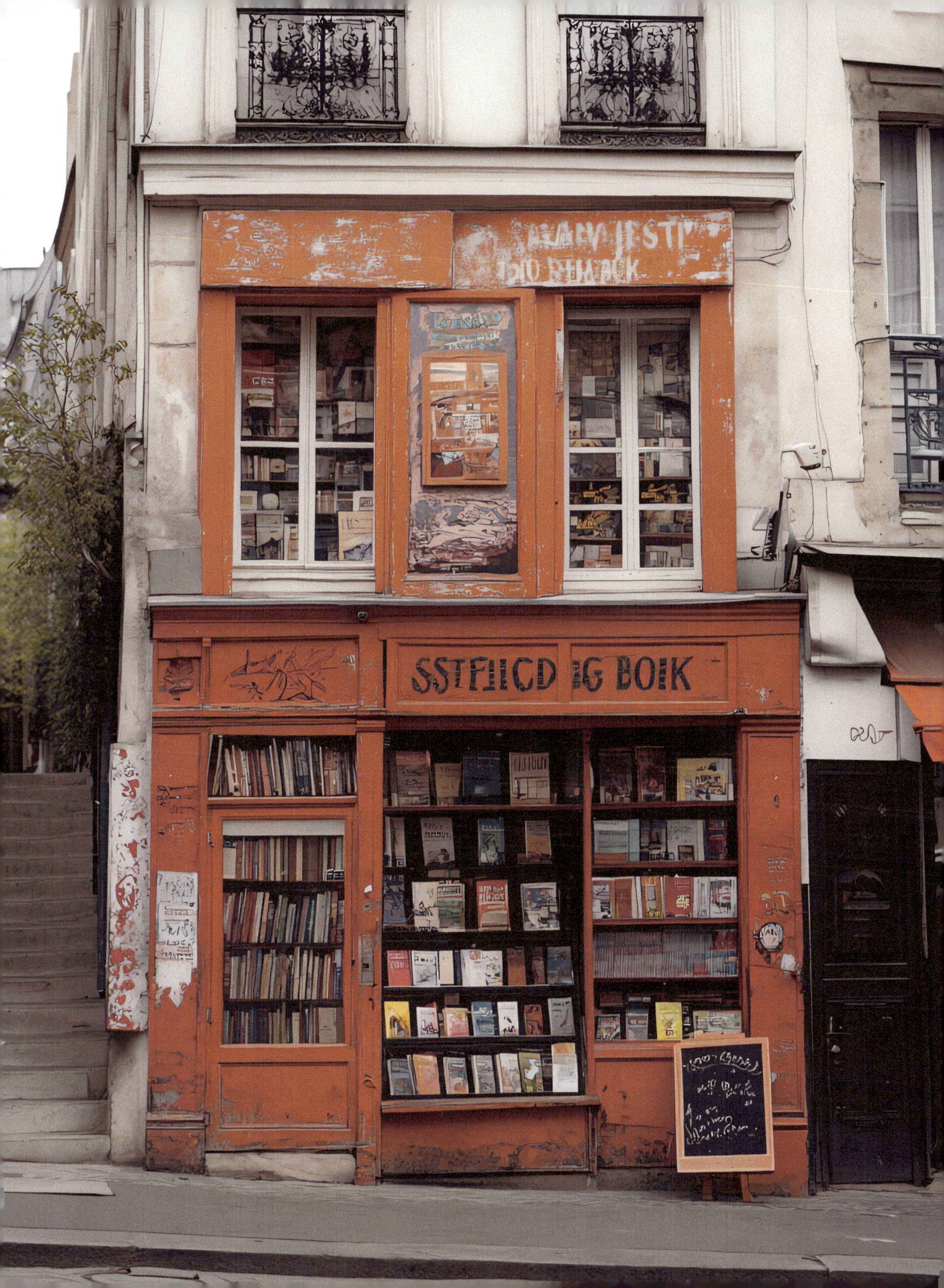

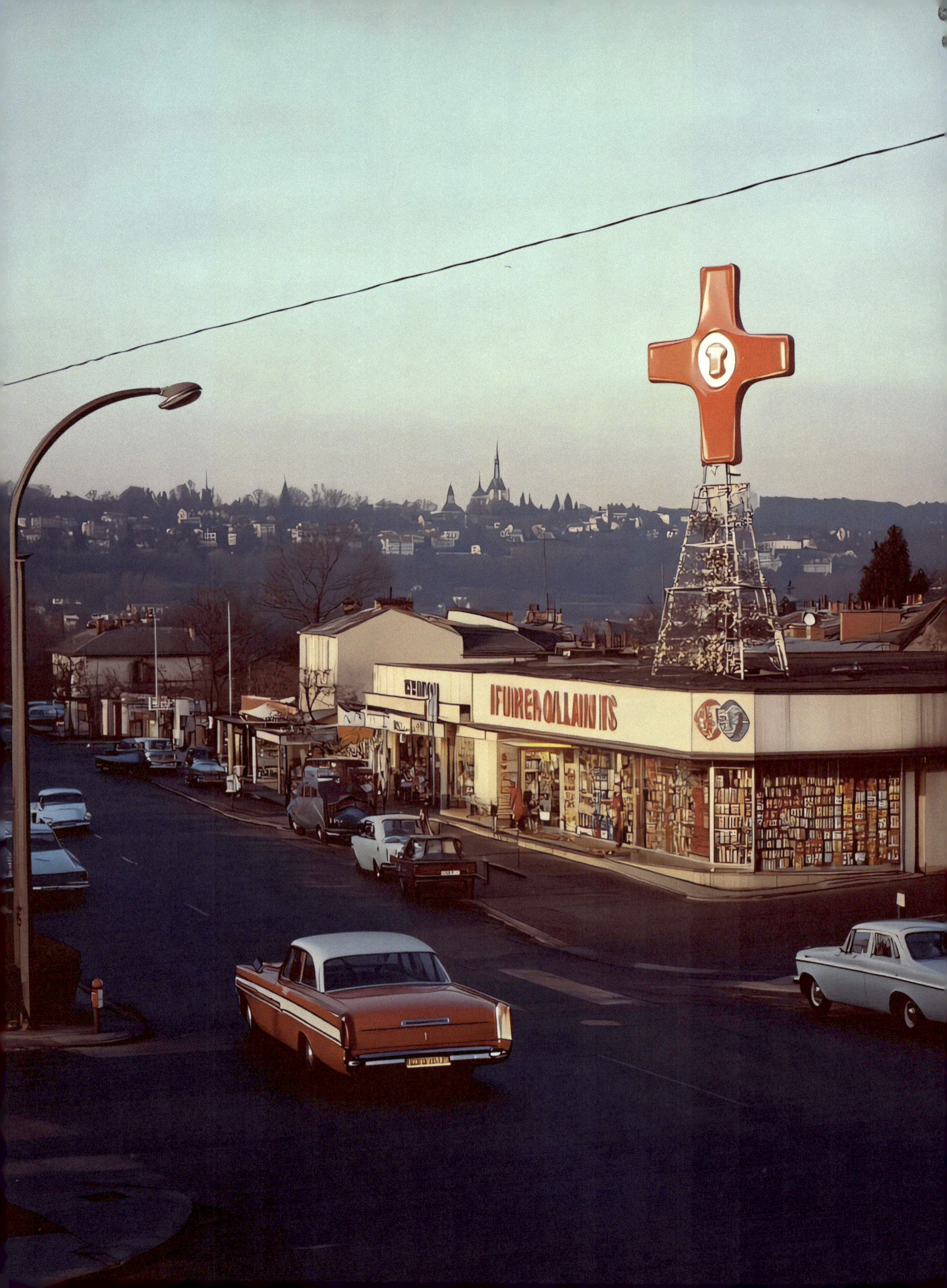

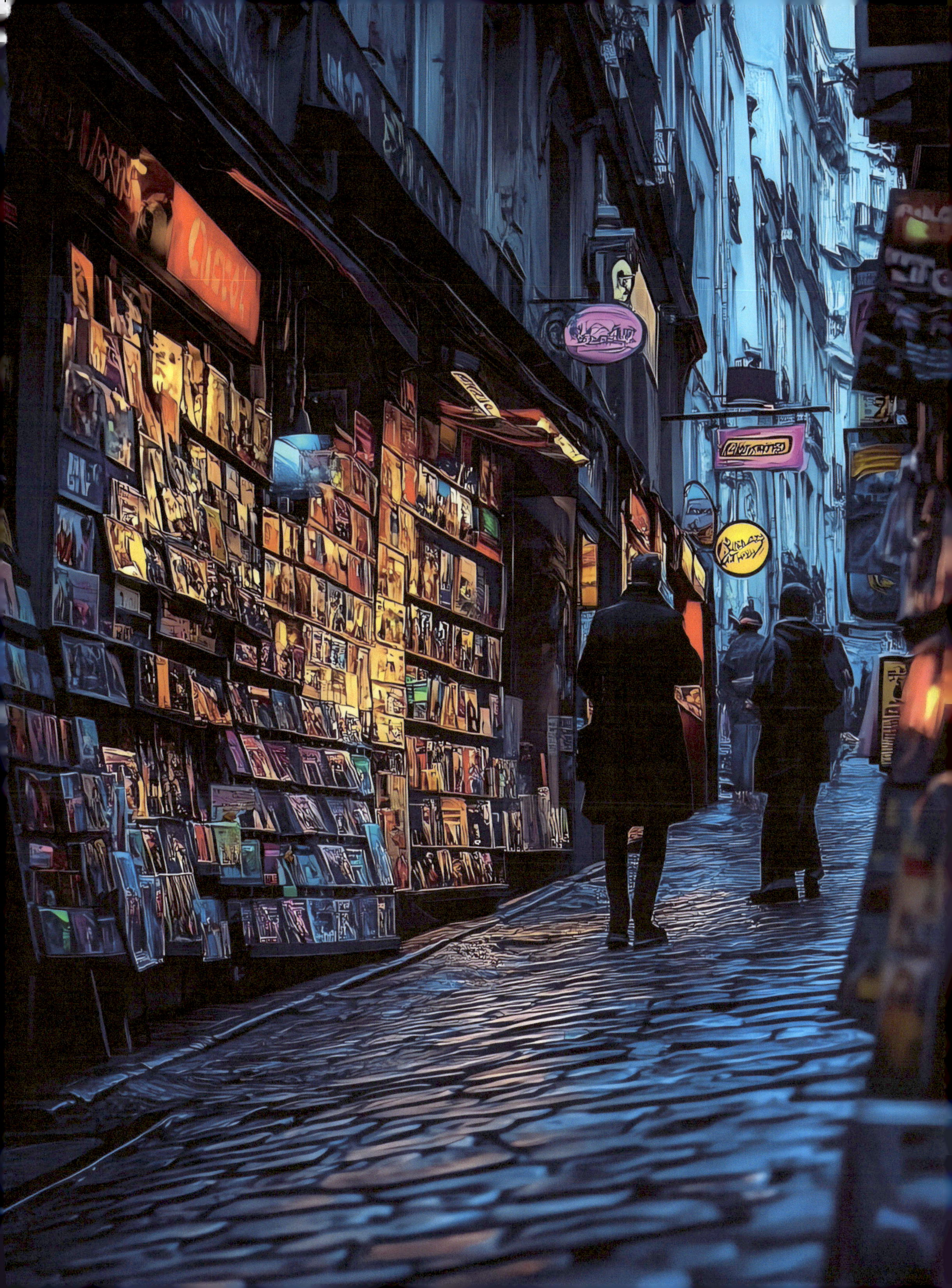

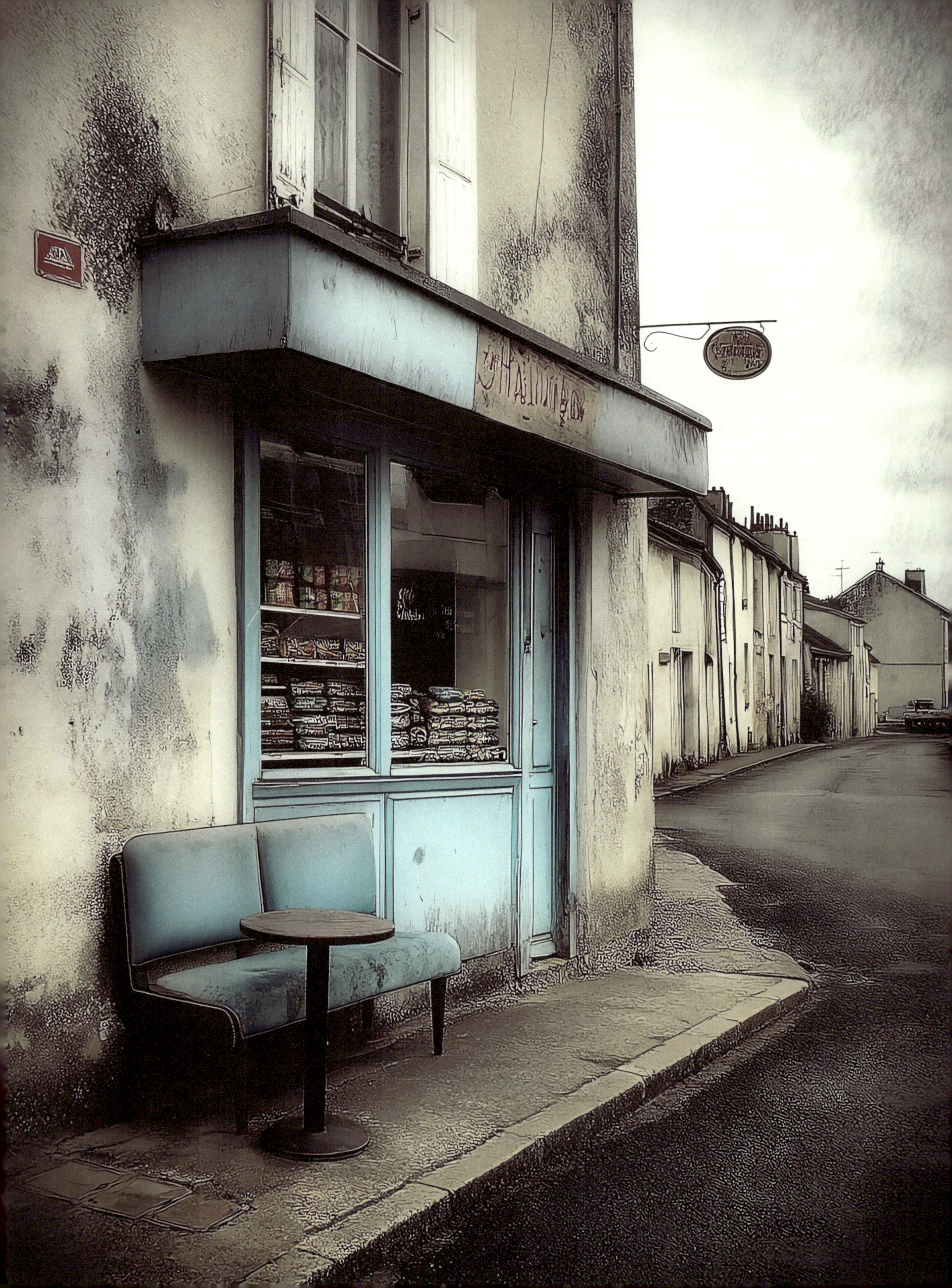

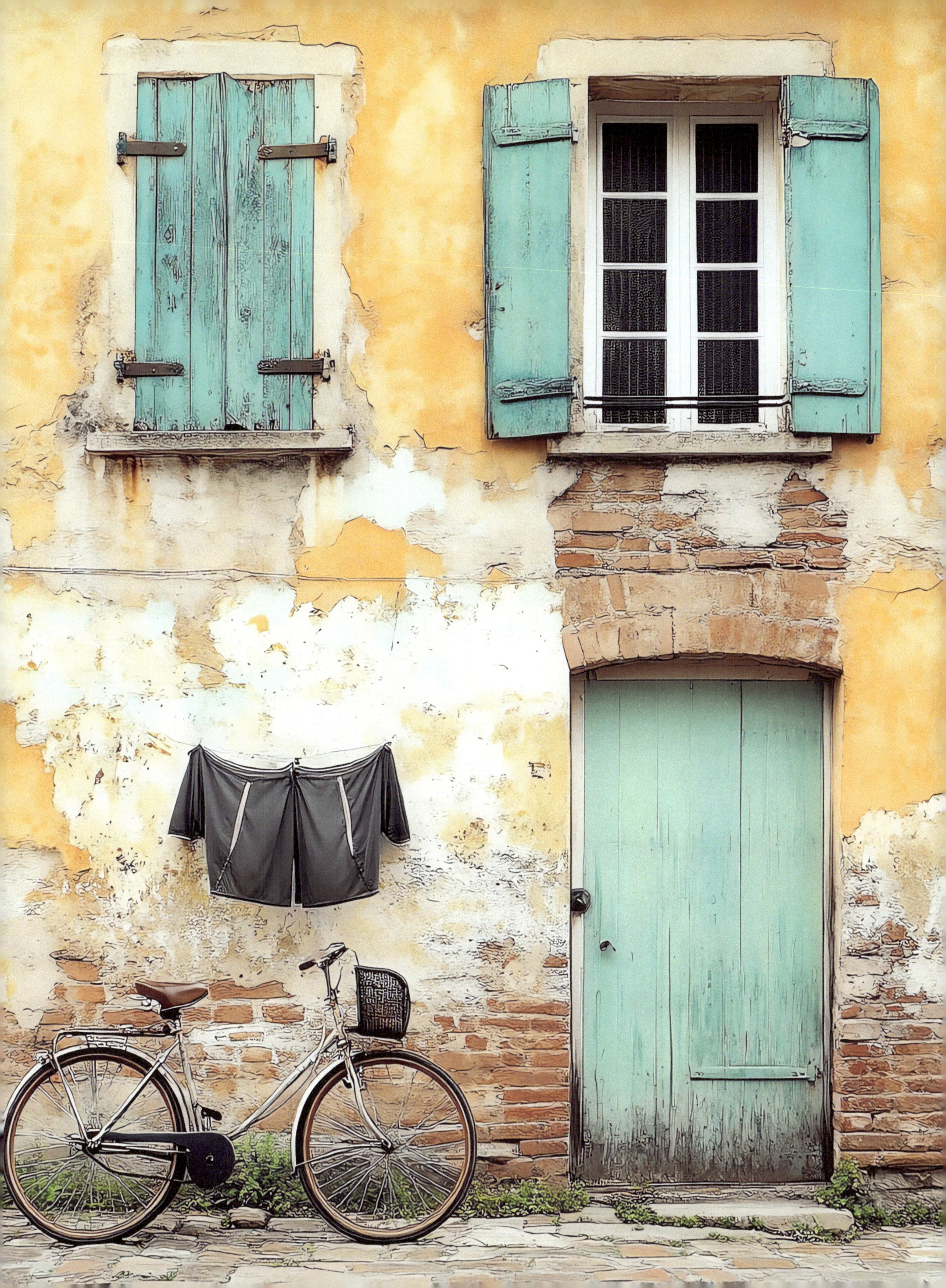

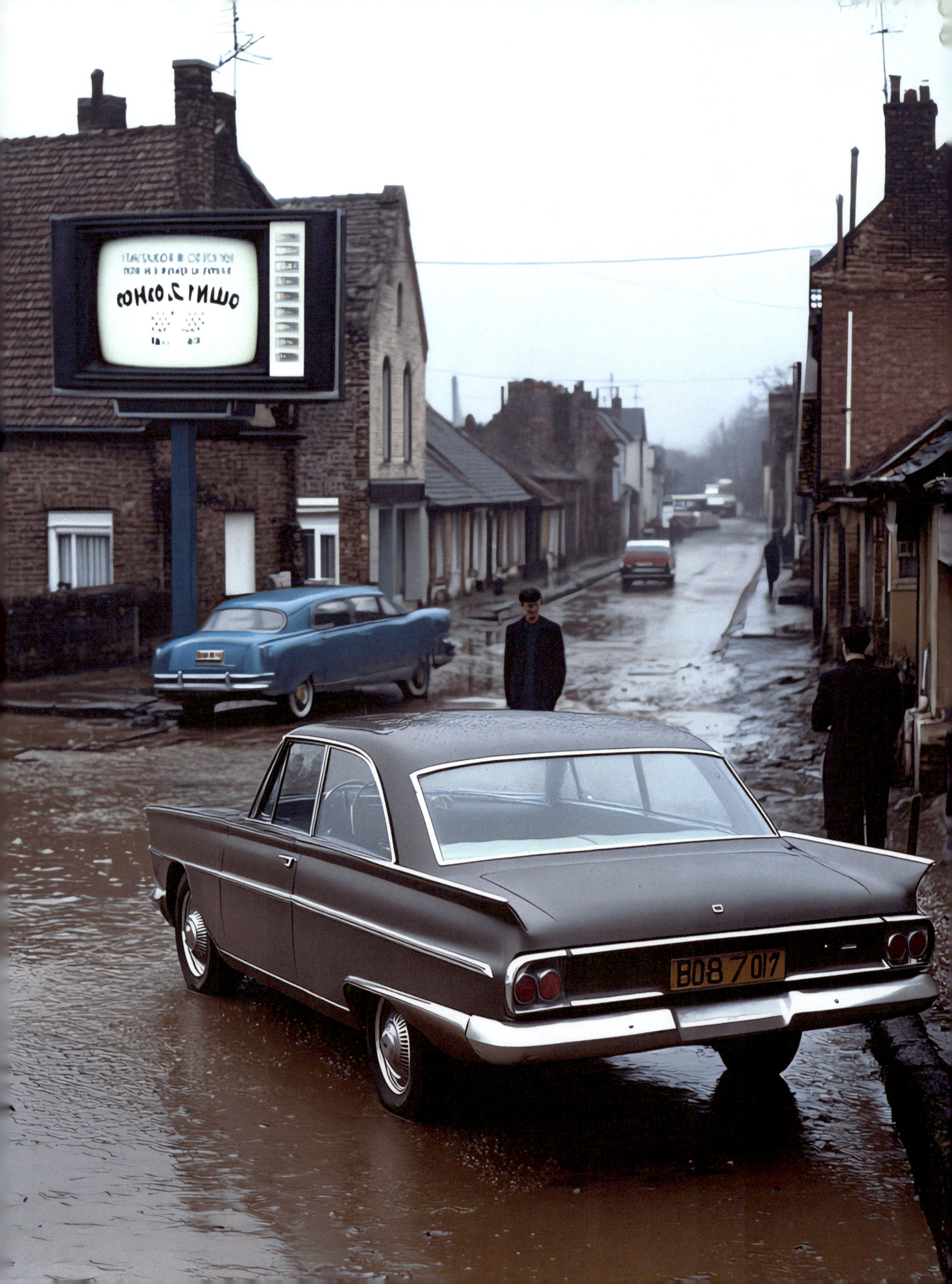

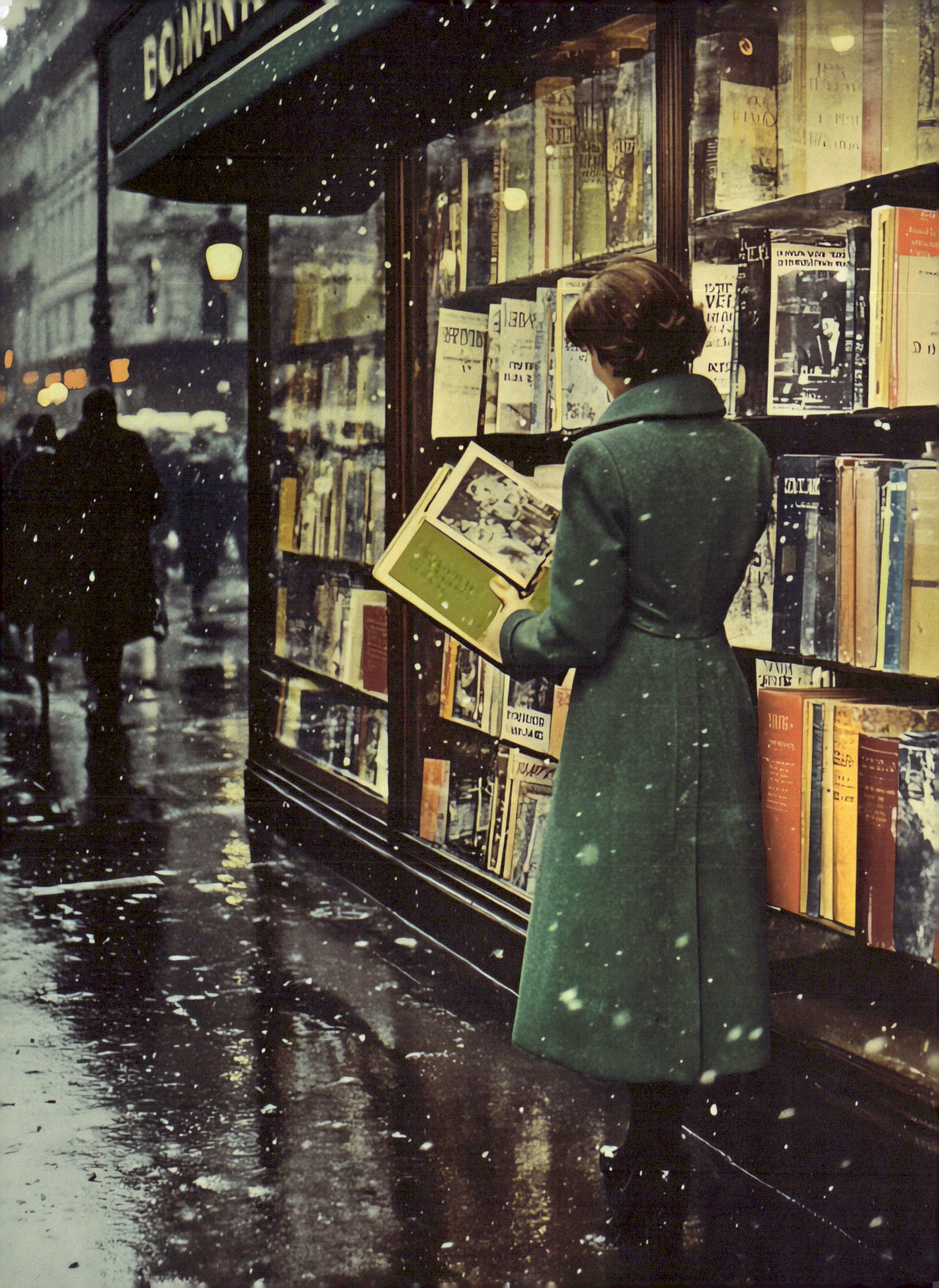

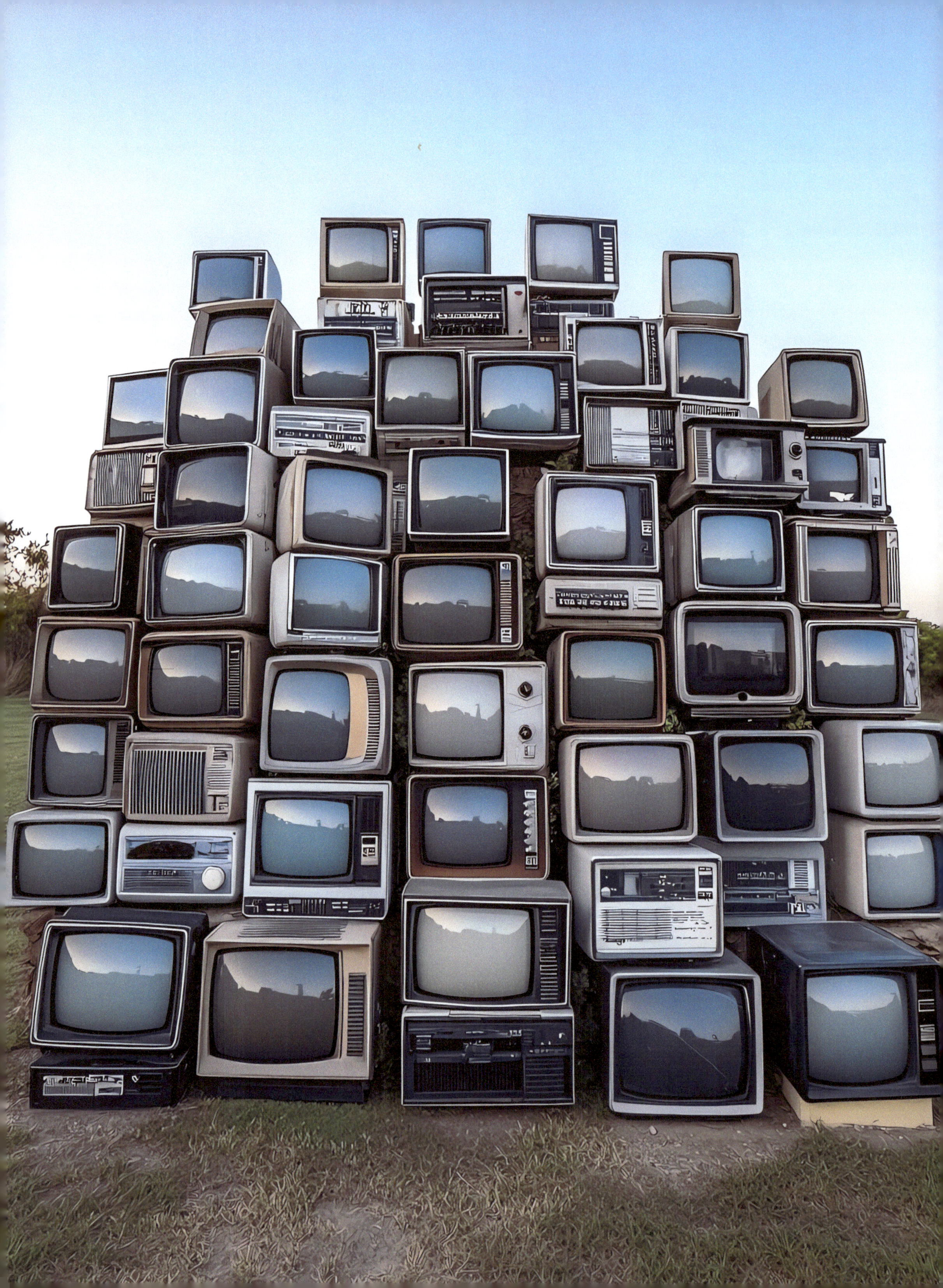

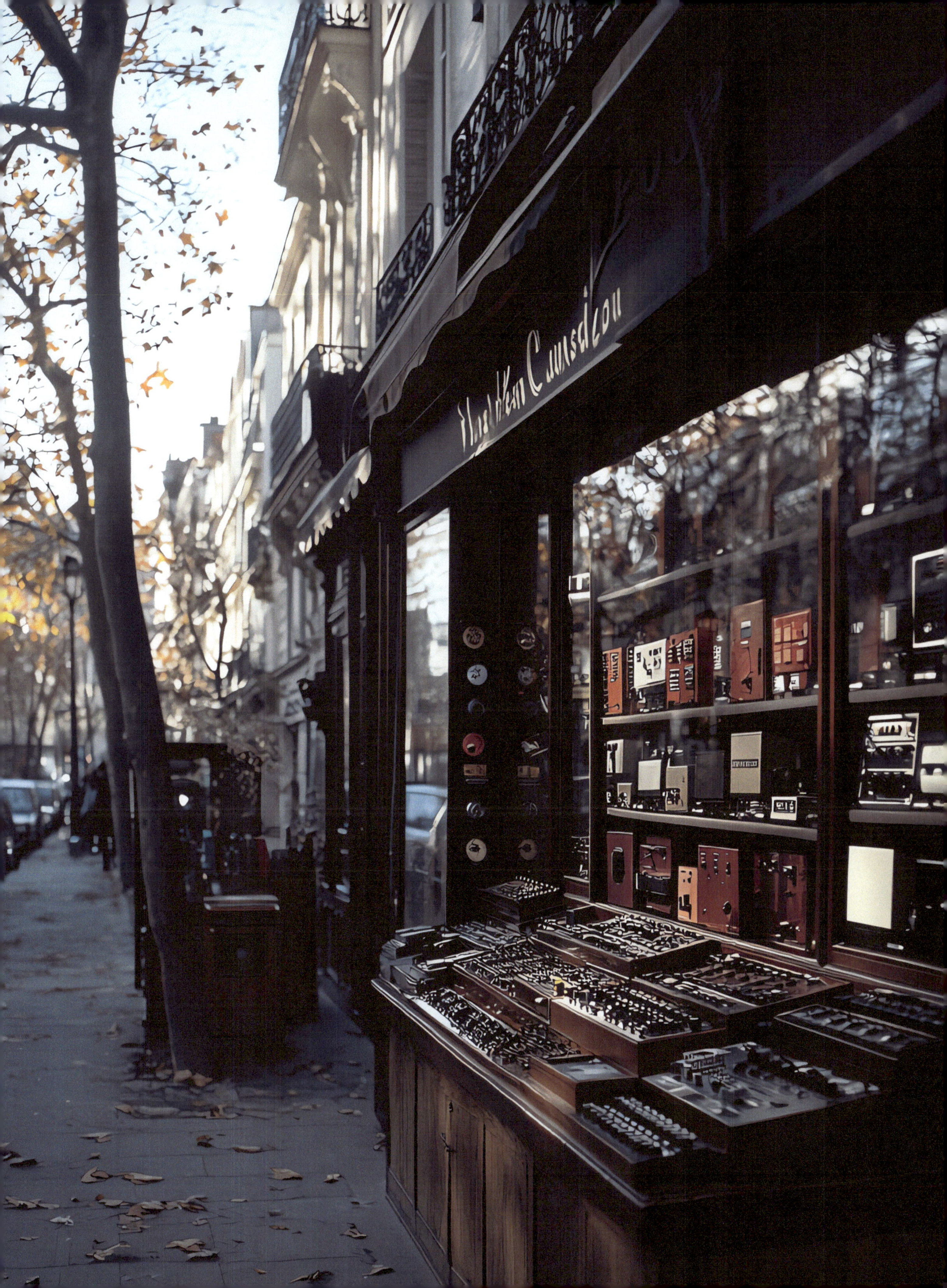

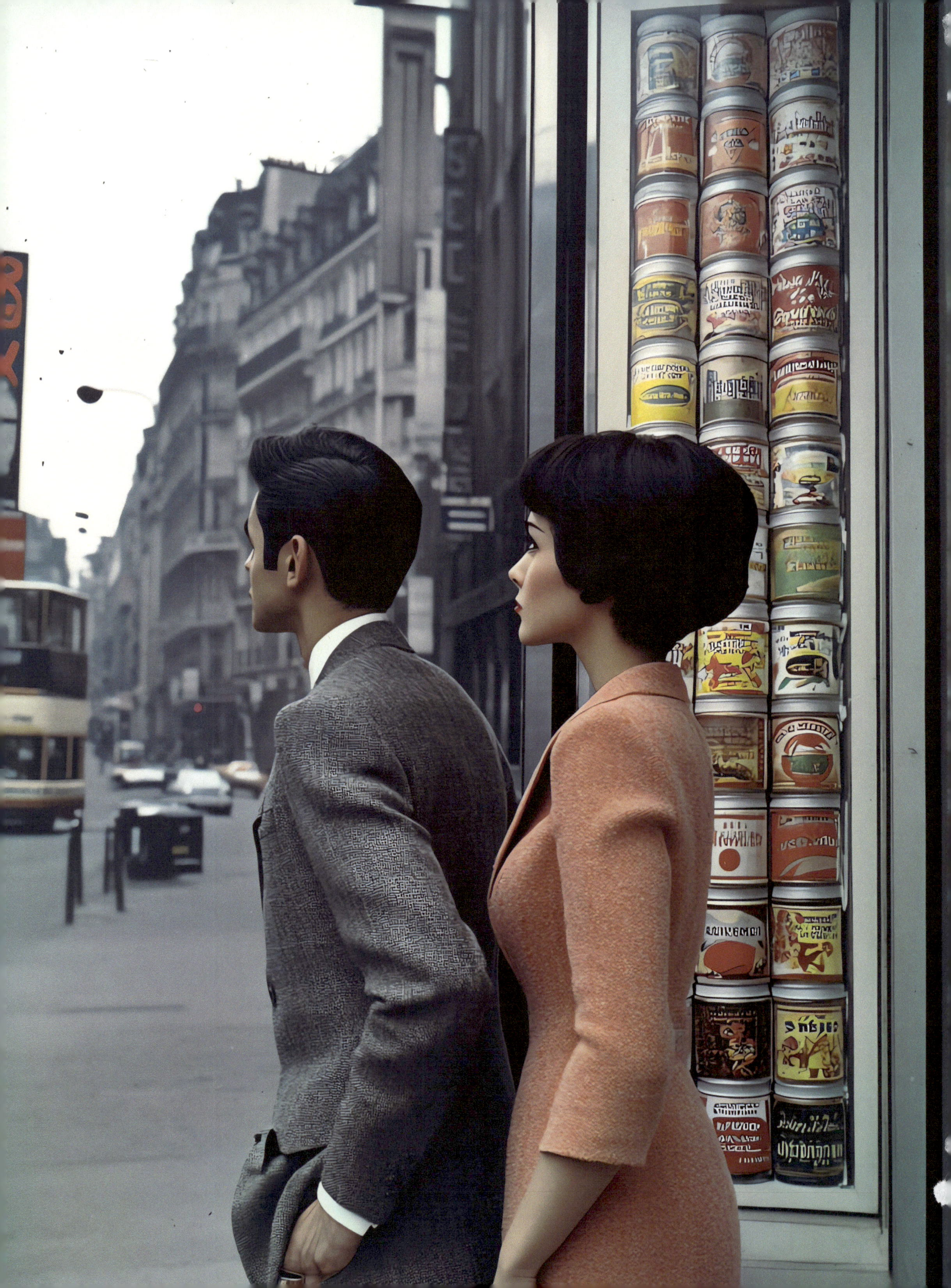

www.ingramcontent.com/pod-product-compliance
Lightning Source LLC
Chambersburg PA
CBHW040422220526
45473CB00004B/1327
9798303476349